사례로 알아보는 고동호의 부동산과 세금

사례로 알아보는 고동호의

부동산과 세금

개정판을 내며 …

이 책을 처음 …

출간하고 나자 독자여러분들께서 좋은 평가를 보내주셨습니다. 좋은 평가 중에 많은 부분은 기존의 부동산 관련 세법책들과는 내용구성이 다르다는 것이었습니다. 이에 따라 저자인 저는 이 책의 형식을 유지하면서 새롭게 개정되는 세법 내용들을 보강하는 형태로 개정판을 준비하게 되었습니다.

매년 부동산 관련 세제들은 시대 상황에 맞춰 많은 변화가 있습니다. 이에 따라 종합자산관리의 중심적인 부분인 부동산 관련 세금 측면에서 주의해야 할 사항들을 재정리하였습니다. 또한 이번 개정판에서는 이론적인 부분에 치우치지 않고 실무적으로 활용할 수 있도록 실무적인 내용들을 많이 추가하였습니다.

P·R·E·F·A·C·E

해마다 겪는 일이지만 수시로 개정되는 세법과 관련된 책을 매년 개정하는 것은 생각보다 쉽지 않은 일입니다. 이번 개정판도 나름대로는 많은 노력을 하였지만 여러 가지 부분에서 미흡한 면이 눈에 보입니다. 여러분의 관심과 질책으로 계속적으로 좋은 내용이 되도록 수정·보완하겠습니다.

고동호

저자의 말 …

부동산과 세금 …

세금에 있어 중요한 부분이 많습니다. 특히 법인세나 부가가치세는 그 영향력에 있어 대단히 중요합니다. 그러나 개인의 재산관련 세금에 있어서는 부동산과 관련된 세금이 가장 중요할 것입니다. 물론 개인과 관련해서는 금융재산에 대한 세법규정도 중요하지만 그 복잡성이나 다양성 그리고 개인적, 사회적 영향력은 부동산관련 세법규정에 미치지 못하는 것이 사실입니다.

부동산과 관련된 세법규정을 알기 쉽고 유용하게 정리하려는 생각은 오래 전부터 있었지만 여러 가지 문제로 늦어졌습니다. 특히 세법규정들을 기존의 세금 책처럼 단순히 부동산의 취득·보유·이용·양도에 따른 세금흐름으로 정리한다면 별 의미가 없다고 판단하여 어떻게 다른 방식으로 정리할 것인가를 결정하는데 상당한 시간이 소요되었습니다. 고민 끝에 부동산을 상가·오피스텔·주택·재개발, 재건축아파트 등 각 종류별로 정리하여 주된 관심부동산의 일관성을 유지하면서 실질적인 도움이 될 수 있도록 하였습니다.

P·R·E·F·A·C·E

부동산관련 세법규정은 10.29부동산안정화대책에 따라 매우 많이 강화되었습니다. 이에 따라 개인들의 자산종합관리측면에서 중요한 중심축 중의 하나인 부동산의 환경변화가 세법에 의해 주도되고 있습니다. 이러한 환경변화에 능동적으로 대처하기 위한 방편으로 준비한 이 책이 여러분의 부동산재산의 절세를 위한 의사결정에 도움이 되기를 바랍니다.

책을 낼 때마다 느끼는 것이지만 책을 낸다는 것에 대한 중압감이 너무 무거워 '이제는 그만…'이라는 생각을 늘 합니다. 그리고 초판을 낼 때의 심정은 부족함과 아쉬움에 더욱 그렇습니다. 여러분의 많은 질책과 지적바랍니다. 이를 통해 보다 나은 책으로 수정·보완하겠습니다.

2004년 3월

고동호

차례

개정판을 내며 … 4
저자의 말 … 6

1 상가와 세금

1 • 상가구입과 부가가치세 … 18
2 • 일반과세자의 부가가치세 환급 … 22
3 • 부동산임대소득과 부가가치세 … 24
4 • 사업자등록 … 27
5 • 부가가치세와 소득세의 납세지 … 30
6 • 부가가치세의 과세기간과 신고 … 33
7 • 부동산임대소득에 대한 부가가치세 예정신고 … 36
8 • 부동산임대업과 간이과세자 … 40
9 • 간이과세자의 부가가치세 … 43
10 • 간이과세자와 세금계산서 … 46
11 • 간이과세자와 부가가치세 예정신고 … 48
12 • 부가가치세 납세의무의 면제 … 50
13 • 부동산임대소득과 소득세 … 52
14 • 장부기장을 하지 않은 경우 … 56
15 • 단순경비율 적용대상자 … 61
16 • 다른 종합소득이 있는 경우 … 64
17 • 부동산임대소득의 귀속시기 … 67

CONTENTS

18 • 임대료를 선불로 받은 경우 … 69
19 • 임대보증금에 대한 간주임대료 … 71
20 • 소득세법상의 간주임대료 … 74
21 • 임대보증금으로 건물을 구입한 경우 … 76
22 • 주택임대시 간주임대료 … 78
23 • 전기료와 난방비 등을 받는 경우 … 79
24 • 상가의 양도와 부가가치세 (일반과세자) … 81
25 • 부동산임대업을 사업양도하는 경우 … 84
26 • 상가양도와 양도소득세 (일반과세자) … 87
27 • 양도시기와 취득시기 … 92
28 • 기준시가로 계산하는 경우 … 94
29 • 상가양도와 부가가치세 (간이과세자) … 96
30 • 공동사업합산과세 … 98
31 • 부동산임대소득의 결손금 … 100
32 • 면세사업자가 상가를 분양받은 경우 … 103
33 • 임대료에 대한 부가가치세 … 106
34 • 상가구입시 부담세금 (취득세 등) … 109
  • 요약과 복습 : 상가와 세금 … 112

차 례

2 상가건물임대차보호법

1 • 상가건물임대차보호법 … 120
2 • 임대차보호법과 사업자등록 … 123
3 • 최우선변제대상 임대보증금 … 125
4 • 권리금과 임대차기간 … 127
5 • 임대보증금의 월세전환 … 129
6 • 임대료의 인상 … 130
7 • 임차권등기명령 … 131
 • 요약과 복습 : 상가건물임대차보호법 … 134

3 오피스텔과 세금

1 • 오피스텔구입과 부가가치세 … 140
2 • 오피스텔을 주택으로 사용한 경우 … 143
3 • 오피스텔을 본인사업에 사용하는 경우 … 146
4 • 오피스텔을 주택으로 사용한 경우의 불이익 … 147
5 • 오피스텔을 주거용으로 임대하는 경우 … 149
6 • 오피스텔을 개인에게 구입하는 경우 … 151
 • 요약과 복습 : 오피스텔과 세금 … 154

C·O·N·T·E·N·T·S

주택과 세금 4

1 • 1세대란? … 158
2 • 주택의 범위 … 160
3 • 상가주택과 양도소득세 … 162
4 • 오피스텔을 보유한 경우 … 164
5 • 무허가주택의 경우 … 165
6 • 다가구와 다세대의 구분 … 166
7 • 다가구주택 신축 후 양도 … 168
8 • 2년 보유요건과 거주요건 … 170
9 • 임대주택법에 의한 건설임대주택 … 173
10 • 전근 등에 의한 양도 … 175
11 • 양도시기와 취득시기 … 178
12 • 양도차손이 발생한 경우 … 180
13 • 미등기양도시의 불이익 … 182
14 • 대체취득에 따른 일시적 2주택 … 186
15 • 상속주택으로 2주택이 된 경우 … 188
16 • 상속주택의 판정 … 190
17 • 이농주택으로 인한 1세대2주택 … 192
18 • 고가주택의 양도 … 194
19 • 고가주택의 양도차익계산 … 195
20 • 기준시가와 실거래가액 … 198

차 례

- 21 • 1세대 다주택에 대한 중과 … 200
- 22 • 비사업용 토지에 대한 중과 … 201
- 23 • 양도와 증여 … 203
- 24 • 등기부에 기재되는 실거래가액 … 204
- 25 • 다가구주택과 오피스텔의 경우 … 206
- 26 • 장기임대주택사업자 … 207
- 27 • 장기임대주택사업자의 본인주택양도 … 209
  - 요약과 복습 : 주택과 세금 … 211

5 재개발·재건축아파트와 세금

- 1 • 재건축주택의 보유기간 계산 … 218
- 2 • 일반재건축의 보유기간 계산 … 220
- 3 • 재건축공사 중 취득한 주택 … 221
- 4 • 재개발과 재건축의 차이 … 223
- 5 • 재건축공사 중 보유주택을 양도하는 경우 … 227
- 6 • 분양권 전매금지 … 228
- 7 • 입주권의 양도 … 231
- 8 • 주택소멸 후 양도한 경우 … 234
- 9 • 재개발아파트 입주 후 기존주택의 양도 … 235
- 10 • 재건축공사 중 취득한 주택 … 238

11 • 재건축아파트와 일반주택의 양도시기선택 … 240
12 • 재개발조합에서 청산금을 받은 경우 … 241
  • 요약과 복습 : 재개발·재건축아파트와 세금 … 242

주택의 임대와 임대차보호법 6

1 • 주택임대소득 비과세 … 246
2 • 3채 보유자의 주택임대소득 … 247
3 • 고가주택을 임대해준 경우 … 249
4 • 다가구임대와 세금 … 250
5 • 임대주택사업자등록 … 251
6 • 주택임대차보호법 … 253
7 • 주택이 경매되는 경우 … 255
8 • 최우선변제권이 인정되는 경우 … 257
9 • 국세우선권의 제한 … 260
10 • 주택에 대해 부과된 세금 … 262
11 • 주택임대차기간 … 264
12 • 임차권등기명령 … 266
  • 요약과 복습 : 주택의 임대와 임대차보호법 … 268

차 례

7 종합부동산세와 재산세

1. 종합부동산세 과세대상 … 274
2. 토지분에 대한 재산세 … 277
3. 주택에 대한 종합부동산세 … 279
4. 종부세의 개인별 합산과세 … 282
5. 토지에 대한 종합부동산세 … 283
6. 사업용건물에 대한 종합부동산세 … 285
7. 부담 보유세의 한도 … 286
- 요약과 복습 : 종합부동산세와 재산세 … 288

8 부동산실명법과 세금

1. 부동산 명의신탁 … 294
2. 장기미등기에 대한 명의신탁 … 298
3. 상속에 의한 장기미등기 … 300
4. 배우자 명의신탁 … 301
5. 명의신탁으로 보지 않는 경우 … 302
- 요약과 복습 : 부동산실명법과 세금 … 306

C·O·N·T·E·N·T·S

부록

1 • 양도소득세 계산 Flow … 310

01

상가와 세금

평생을 회사에서 열심히 일만 하다 이번에 은퇴한 최민호씨는 지금까지 모든 여유자금을 은행예금으로만 관리해온 사람이다. 그리고 퇴직금 3억원도 은행에 정기예금으로 저축하여 최민호씨의 금융재산은 은행예금으로 10억원 정도이다.

최민호씨는 최근 들어 자신의 자산운용에 다소 문제(낮은 은행금리 등)가 있다는 것을 깨닫고 자금 중 일부를 부동산에 투자할 예정이다. 하지만 부동산의 경우 은행예금과는 달리 자금의 유동성에 문제가 있고 또한 관련 법규정이나 특히 세금 등이 복잡할 것 같아 망설이고 있다. 최민호씨는 우선 평소에 거래하는 금융기관의 고객센터를 찾아가 상담역인 담당 PB 고연우(高燕友)대리에게 부동산과 관련된 세금에는 어떠한 것이 있는지 문의하고 있다.

상가구입과 부가가치세

사례연구 고연우PB로부터 조언을 들은 최민호씨는 은퇴 후 특별한 수입이 없기 때문에 상가를 구입하여 임대를 주는 것이 가장 좋을 것이라는 생각이 들었다. 그래서 이번에 분양하는 주상복합건물의 상가 분양가격을 알아보니 2억원에 부가가치세 1천만원이 별도라고 한다.

그러자 최민호씨는 '왠 부가가치세'라며 당황해 하고 있다. 그동안의 유일한 부동산거래였던 본인이 거주하고 있는 집을 살 땐 아무리 생각해봐도 부가가치세를 낸 것 같은 기억이 없는데 개인이 상가를 구입할 땐 왜 부가가치세를 내야하는지 알 수가 없다. 혼란스러운 최민호씨는 고연우PB를 찾아가 이에 대해 문의하고 있다.

조언방향 토지와 건물은 둘 다 부동산이지만 토지를 매매할 때에는 부가가치세가 면세되고 건물을 매매할 때에는 부가가치세가 과세된다. 그런데 상가의 경우에는 토지와 건물이 동시에 매매되기 때문에 상가의 건물분에 대한 부가가치세는 부담해야 한다.

이론정리 및 심화학습

상가를 분양받거나 취득하는 사람이 가장 염두에 두어야 할 사항은 상가를 구입할 때 부가가치세를 부담해야 한다는 것이다.

토지와 건물의 매매와 부가가치세

토지의 매매는 부가가치세가 면세된다. 그러나 건물을 매매하는 경우에는 원칙적으로 부가가치세가 과세된다.

구 분	부가가치세 과세여부
토지의 공급	면세임
건물의 공급	과세대상임

따라서 상가의 토지분에 대해서는 부가가치세가 면세이지만 건물분에 대해서는 부가가치세 과세대상이므로 상가를 분양하는 회사(공급자)는 건물분에 대해 부가가치세를 징수하여 세무서에 신고·납부해야 한다.

작은사례 1

이러한 조언에 최민호씨는 그렇다면 주택을 취득하는 경우에는 어떻게 되는지에 대해 궁금해졌다. 그래서 아파트를 분양받을 때 분양대금에 아파트의 건물분에 대한 부가가치세가 포함되어 있는지 문의하고 있다.

→ 아파트분양의 경우에도 건물분에 대해서는 원칙적으로는 부가가치세가 과세된다. 다만 아파트 중에서 국민주택규모(아파트의 경우 실평수 85㎡ 이하)이하인 경우에는 부가가치세를 면세하고 있다.

[부가가치세 과세여부]

구 분		내 용
상 가	토지분	면 세
	건물분	과 세
아파트	토지분	면 세
	건물분	과 세(주)

(주) 국민주택규모 이하(85㎡)인 경우 면세

따라서 대형평수(85㎡ 초과)의 아파트 분양가격에는 건물분에 대한 부가가치세가 포함되어 있다.

Quiz

아파트의 경우 분양받지 않고 개인에게 기존의 아파트를 매입하게 되면 어떻게 될까? 최민호씨의 경우에도 5년된 47평형(155㎡)아파트를 7억원에 매입했는데 7억원에 부가가치세가 포함되었던 것일까?

『1장 상가와 세금을 다 읽은 후에 이에 대해 답변해보라!』1장을 숙독했다면 이에 대한 답변이 머릿속에 정리되어 있어야 한다.(주)

(주) 정답은 1장 마지막 페이지에…

작은사례 2

그렇다면 최민호씨는 오피스텔의 경우에는 어떻게 되는지 계속 문의하고 있다. 자신이 상가대신 오피스텔을 분양받는 경우에도 부가가치세를 부담해야 하는지 궁금한 것이다.

➜ 오피스텔도 상가와 같다. 따라서 건물분에 대한 부가가치세는 부담해야 한다.

작은사례 3

만일 상가를 건설분양하는 자가 법인이 아닌 개인일 경우에는 어떻게 될까? 즉 개인사업자가 분양하는 경우에도 부가가치세가 과세될까?

➜ 물론이다. 법인이든 개인사업자든 상가건물을 건설하여 분양하는 경우에는 건물분에 대한 부가가치세를 부담해야 한다.

> **NOTE**
> 그런데 상가 분양시 부담한 부가가치세를 환급받는 경우가 있다. 계속해서 사례를 살펴보자.

2 CASE 일반과세자의 부가가치세 환급

사례연구 최민호씨는 분양시 부담한 상가건물분에 대한 부가가치세를 환급받을 수도 있다는 고연우PB의 조언에 다행이라고 생각하고 있다. 부가가치세를 환급받을 수만 있다면 아예 본격적인 부동산임대업을 위해 상가 5채를 분양받을 예정이다. 최민호씨는 어떻게 하면 부가가치세를 환급받을 수 있는지 고연우PB에게 문의하고 있다.

조언방향 분양받은 상가를 부동산임대업에 사용하고 부가가치세법상 일반과세자로 사업자등록을 하면 부담한 부가가치세를 환급받을 수 있다.

이론정리 및 심화학습

⋮ 일반과세자로 임대사업자 등록을 하는 경우

임대사업자로서 부가가치세법상 일반과세자로 사업자등록을 하고 상가를 임대사업에 사용하는 경우에는 상가를 구입할 때 부담했던 부가가치세를 환급받을 수 있다.

그러나 사업자등록시 일반과세자가 아닌 간이과세자로 임대사업자등록을 한 경우에는 부담한 부가가치세가 환급되지 않는다. 이에 대해서는 뒤에서(사례연구12번 참조) 자세히 다루기로 한다.

구 분	부가가치세 환급여부
일반과세자로 등록하는 경우	환급됨
간이과세자로 등록하는 경우	환급되지 않음

자! 일반과세자인 최민호씨를 계속 따라가 보자.

CASE 3. 부동산임대소득과 부가가치세

사례연구 일반과세자로 사업자등록을 하면 부가가치세를 환급받을 수 있다는 고연우PB의 조언에 힘입어 최민호씨는 상가 5채를 10억 5천만원(부가가치세포함)에 분양신청하였다. 최민호씨는 이 상가를 보증금 없이 금년 1월 1일부터 월세 1백만원(총 5채 5백만원)에 임대를 주려고 하고 있다. 이런 경우 부가가치세와 소득세등의 세금문제는 어떻게 되는지 평소에 잘 알고 지내던 유병진회계사에게 문의하고 있다.

조언방향 우선 부가가치세부터 생각해 보자. 상가를 임대주는 경우에는 부가가치세법상 과세대상이다. 따라서 최민호씨는 임대료를 받을 때 이에 대한 부가가치세도 함께 받아 납부해야한다. 그리고 소득세는 올해 받은 임대료소득에 대해 내년 5월까지 세무서에 신고·납부해야 한다.

이론정리 및 심화학습

부동산임대료와 부가가치세

우리는 앞의 사례에서 상가를 분양받는 경우의 부가가치세에 대해 살펴보았다. 지금은 분양받은 상가를 임대주고 임차인에게 임대료를 받을 때 부가가치세를 따로 받아야 하는가에 대해 알아보고 있다.

상가를 임대주고 받는 임대료는 부가가치세 과세대상이므로 세입자에게 임대료를 받을 때 부가가치세도 함께 받아야 한다. 따라서 최민호씨는 임대계약을 할 때 임차인이 부가가치세를 부담한다는 조항을 반드시 삽입하여 임대료 5백만원에 대한 부가가치세 50만원(부가가치세율은 10%임)을 함께 받아야 손해가 없다.

작은사례 1

그렇다면 최민호씨가 상가가 아닌 소형아파트를 구입하여 임대를 주는 경우에도 임대료에 부가가치세를 따로 받아야 할까?

➡ 그렇지 않다. 상가의 임대는 부가가치세 과세대상이지만 주택의 임대용역에 대해서는 부가가치세가 과세되지 않는다.

작은사례 2

그렇다면 오피스텔의 경우에는 어떻게 될까? 오피스텔을 취득하여 임대준 경우에도 부가가치세 과세대상일까?

→ 오피스텔의 경우에는 사용용도에 따라 다르다. 즉 오피스텔을 사무실로 임대해준 경우에는 부가가치세 과세대상이 되지만 거주용으로 임대해준 경우에는 부가가치세 과세대상이 아니다.

[임대료에 대한 부가가치세 과세여부]

구 분		내 용
주택의 임대료		면 세
상가의 임대료		과 세
오피스텔의 임대료	사무용으로 임대해준 경우	과 세
	주거용으로 임대해준 경우	면 세

작은사례 3

만일 최민호씨가 임대계약서 작성시 계약서상에 부가가치세에 대한 언급없이 임대료만을 표시한 경우에는 어떻게 될까? 그런 경우에도 임차인에게 부가가치세를 받을 수 있을까?

→ 받을 수 없다. 왜냐하면 계약서상에 부가가치세를 별도로 한다는 조항이 없는 경우에는 임대료에 부가가치세가 포함된 것으로 보기 때문이다. 이 경우 5백만원 임대료에 포함된 부가가치세는 45만 5천원(≒5백만원×10/110)으로 계산한다. 따라서 최민호씨는 받은 임대료 5백만원에서 45만 5천원을 부가가치세로 납부해야 한다.

사업자등록

사례연구 이러한 조언에 최민호씨는 상가를 분양받았고 부동산 중개소에 임차인을 알아봐줄 것을 부탁했다. 그리고 이제 우선적으로 세무서에 사업자등록을 하려고 하는데 자신처럼 부동산임대업을 하는 경우 사업자등록은 언제까지 하는 것이며 이때 필요한 부속서류는 무엇인지 궁금해하고 있다.

조언방향 개인사업자는 사업개시일로부터 20일 이내에 사업자 등록시 필요한 서류를 첨부하여 세무서에 사업자등록을 신청해야 한다. 심화학습에서 자세히 살펴보자.

이론정리 및 심화학습

사업자등록과 관련된 사항을 정리하면 다음과 같다.

사업자등록신청

사업시작일인 임대용역을 개시한 날로부터 20일 이내에 다음의 서류를 갖추어 세무서의 민원봉사실에 사업자등록을 신청해야한다.

◎ 사업자등록 신청시 필요서류
① 사업자등록신청서(신청서양식은 세무서민원봉사실에 있음)
② 사업허가증사본(허가를 요하는 사업자에 한함)
③ 사업장을 임차한 경우에는 임대차계약서
④ 상가건물임대차보호법에 의한 상가건물을 임차한 경우에는 해당부분의 도면(상가건물의 일부분을 임차한 경우에 한함)

사업자등록은 사업장마다 해야 한다.

임대사업장이 다른 2곳 이상인 경우에는 원칙적으로 각각의 세무서에 사업자등록을 해야 한다. 그러나 세무서장의 승인을 받은『사업자단위과세업자』는 주사업장에만 사업자등록을 할 수도 있다.

사업을 개시하기 전에 등록할 수 있다.

사업을 개시하기 전 준비기간에 사업자는 집기비품이나 설비 등을 구입할 경우가 있다. 이런 경우 사업자등록번호가 없으면 구입처로부터 세금계산서를 교부받을 수 없다. 세금계산서를 교부받지 못하면 매입부가가치세를 공제받지 못하는 불이익이 있다. 세법에서는 이러한 현실적인 어려움을 고려하여 사업을 개시하기 전이라도 사업의 개시가 확실할 것이라고 판단되면 사업자등록증을 교부받을 수 있도록 하고 있다.

사업자등록증의 발급

사업자등록증은 원칙적으로 신청일로부터 2일 이내에 교부하도록 되어있다. 사업의 내용이 간단하고 확실하면 신청 즉시 현장에서 발급해주는 경우도 있고 사업장시설 등의 사실 확인이 필요한 경우에는 5일에 한하여 연장할 수 있다.

부가가치세와 소득세의 납세지

사례연구 이러한 설명을 들은 최민호씨는 다음과 같은 궁금증이 생겼다. 즉 자신이 살고 있는 주소지는 송파구 오륜동인데 자신이 분양받아 임대를 준 상가는 강남구 삼성동에 있는 경우 부가가치세와 소득세를 어느 세무서에 납부해야 하는지에 대한 문의이다.

조언방향 부가가치세와 소득세를 납부해야 하는 세무서가 각각 다르다. 소득세는 최민호씨의 주소지인 송파세무서에 납부하여야 하지만 부가가치세는 자신의 사업장소재지인 삼성세무서에 납부해야 한다.

이론정리 및 심화학습

소득세 납세지

소득세는 주소지 관할세무서에 납부하여야 한다. 따라서 최민호씨의 소득세는 송파세무서에 납부하여야 한다.

부가가치세 납세지

부가가치세는 사업장인 부동산소재지 관할세무서에 납부하여야 하기 때문에 삼성세무서에 납부해야 한다.

구 분	납 세 지
소 득 세	주소지 관할세무서
부가가치세	사업장 소재지 관할세무서

작은사례 1

만일 최민호씨의 부동산임대업의 물건이 1곳이 아니라 여러 곳일 경우에는 어떻게 될까? 즉 부동산임대업에 공하는 물건이 삼성동 외에도 수원, 부천에도 있는 경우에는 부가가치세를 각각의 세무서에 신고·납부하여야 할까?

➜ 원칙적으로 부가가치세는 사업장마다 관할세무서에 각각 신고·납부 하여야 한다. 그러나 부가가치세법에 총괄납부제도가 있어서 신고는 각각의 세무서에 해야 하지만 납부는 개인의 주된 사무소에서 할 수 있다. 따라서 최민호씨는 삼성동의 임대물건이 있는 곳이 주된 사무소일 경우 삼성세무서에 총괄납부할 수 있다.

총괄납부는 과세기간개시 20일 전에 주사업장 총괄납부승인신청서를 주된 사업장의 관할세무서장에게 제출하여 승인받아야 한다.

주의

총괄납부는 납부만을 한 곳에다 하는 것이므로 신고는 각각의 세무서에 해야 한다는 사실에 유의해야 한다. 개인의 경우에는 총괄납부를 주된 사무소에서만 할 수 있지만 법인의 경우에는 본점 또는 지점을 주된 사업장으로 하여 총괄납부를 할 수 있다.

NOTE

2이상의 사업장이 있는 사업자 중 관할세무서장의 승인을 받은 「사업자단위과세자」는 주사업장에만 사업자등록을 할 수도 있다.

작은사례 2

만일 최민호씨가 나중에 삼성동의 상가건물을 임대 주다가 매각하는 경우 발생한 양도차익에 대한 양도소득세는 어느 세무서에 납부하여야 할까?

➜ 양도소득세도 소득세이기 때문에 자신의 주소지인 송파구 오륜동의 관할세무서인 송파세무서에 납부해야 한다.

6 CASE 부가가치세의 과세기간과 신고

사례연구 세무서에 사업자등록을 마친 최민호씨는 상가 5채를 금년 1월 1일 보증금 없이 월세 5백만원(부가가치세 50만원 별도)으로 계약을 맺었다. 그런데 이렇게 계약을 맺은 경우 금년도 부가가치세의 신고는 어떻게 해야 하며 자신이 상가 구입시 부담한 부가가치세는 언제 환급 받을 수 있는지 궁금해졌다. 최민호씨는 부가가치세법상 일반과세자로 사업자등록을 하였다.

조언방향 우선 최민호씨가 신고해야 하는 부가가치세에 대해서 아래 심화학습에서 자세히 살펴보자.

이론정리 및 심화학습

부가가치세의 과세기간

(1) 과세기간

부가가치세는 과세기간을 1년 단위로 하는 것이 아니라 6개월을 독립된 과세단위로 운영한다. 즉 1년에 두 번, 6개월을 1과세기간으로 독립적으로 운영된다.

[부가가치세의 과세기간]

구 분	과 세 기 간
제 1 기	1월 1일에서 6월 30일까지
제 2 기	7월 1일에서 12월 31일까지

(주) 간이과세자는 1월 1일부터 12월 31일까지가 과세기간이다.

(2) 확정신고

부가가치세는 매 과세기간종료 후 25일 이내에 세무서에 확정신고를 해야 한다. 따라서 최민호씨는 제1기분 확정신고를 7월 25일까지, 제2기분 확정신고는 다음해 1월 25일까지 하여야한다.

(3) 예정신고

그런데 확정신고 기간별로 예정신고라는 제도가 있어 각 과세기간 개시일로부터 3개월분에 대해 예정신고를 해야 한다.

① 1기분예정신고

　1월 1일에서 3월 31일까지의 실적을 4월 25일까지 신고

② 2기분예정신고

　7월 1일에서 9월 30일까지의 실적을 10월 25일까지 신고

그러므로 일반과세자의 경우 부가가치세는 분기마다 1번씩, 1년에 4번 신고해야 한다. 따라서 최민호씨는 금년도 1분기에 대해 4월 25일에 제1기분 예정신고를 해야 한다.

[부가가치세의 예정·확정신고기한]

신 고 기 한	신 고 대 상
4월 25일	1기분 예정신고
7월 25일	1기분 확정신고
10월 25일	2기분 예정신고
익년 1월 25일	2기분 확정신고

(4) 개인사업자의 예정신고

그런데 개인사업자의 경우에는 본인이 예정신고를 하지 않고 관할세무서에서 직전과세기간(6개월) 납부세액의 50%를 예정신고세액 결정하여 징수하도록 되어있다. 그러나 최민호씨는 이번에 신규로 사업을 개시하여 직전과세기간이 없기 때문에 실적에 의한 예정신고를 해야 한다.

자! 이제 최민호씨가 부가가치세를 환급받는 과정을 살펴보자.

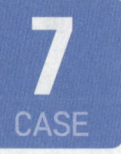

부동산임대소득에 대한 부가가치세 예정신고

사례연구 이러한 조언에 제1기분 예정신고를 하려고 하던 최민호씨는 이런 의문이 들었다. 즉, 자신이 이번 1분기예정신고기간(1.1~3.31)동안 부동산임대소득은 1천 5백만원(월 5백만원씩 3개월치임)이어서 부가가치세로 150만원(= 1천 5백만원 × 10%)을 내야 하는 것은 이해하는데 자신이 부동산유지를 위해 이번 분기에 지출한 비용 550만원(매입부가가치세 50만원 포함)의 매입부가가치세 50만원이 매출부가가치세 150만원에서 공제되지 않는가 하는 것이다. 그리고 이번 예정신고시 상가취득 때 부담했던 부가가치세 5천만원을 환급받을 수 있는지 아니면 확정신고시 환급받을 수 있는지에 대해 궁금해하고 있다.

조언방향 부가가치세가 과세되는 임대사업의 경우 임대사업을 위하여 지출한 비용에 포함되어 있는 매입부가가치세는 매출부가가치세에 차감할 수 있다. 따라서 이번 예정신고시 부가가치세 납부세액은 매출부가가치세 150만원에서 매입부가가치세 50만원과 임대상가구입시의 매입부가가치세 5천만원을 차감한 - 4천 9백만원(환급)을 신고하면 된다.

이론정리 및 심화학습

▸ 1기분 부가가치세 예정신고(1.1~3.31) 납부세액

(1) 매출부가가치세
1천 5백만원(5백만원씩 3개월 받은 임대료) × 10% = 150만원

(2) 매입부가가치세
5천만원(상가건물분 부가가치세) + 50만원(매입세액) = 5,050만원

(3) 납부부가가치세
(1) - (2) = - 4천 9백만원(환급세액)

최민호씨는 금년 4월 25일에 제1기분에 대한 예정신고시 위의 내용대로 신고하면 된다. 그런데 환급세액의 경우에는 원칙적으로 예정신고때 환급해주는 것이 아니라 확정신고 때(확정신고 후 30일 이내에) 환급해주는 것이 원칙이다.

작은사례 1

최민호씨는 예정신고시 환급신고를 하였지만 실제환급은 원칙적으로 확정신고 후 30일 이내(확정신고가 7월 25일까지니까 8월 24일 이내)에 된다는 조언에 황당해 하고 있다. 이에 최민호씨는 유병진회계사에게 좀 더 빨리 환급받는 제도는 없는지 문의하고 있다.

➜ 방법이 있다. 최민호씨와 같은 부동산임대업자가 사업설비인 건물을 취득한 경우에는 조기환급이라는 제도가 있어 예정신고시 환급(예정신고 후 15일 이내)받을 수 있다. 그런데 이렇게 조기환급을 받으려면 부가가치세 예정신고시 『건물 등 감가상각자산취득명세서』를 첨부하여야 한다.

작은사례 2

이러한 조언에 따라 부가가치세 1기분 예정신고시『건물 등 감가상각자산취득명세서』를 제출하여 환급을 받은 최민호씨는 4.1 ~ 6.30까지 3개월간의 임대소득도 역시 1천 5백만원(부가가치세 150만원)이며 이번 분기에 임대소득과 관련된 지출은 없다. 최민호씨의 1기분 확정신고는 어떻게 해야 하는가?

➜ 1월~3월까지의 임대료에 대한 부가가치세는 이미 4월 25일에 예정신고 했으므로 확정신고는 4월 1일 ~ 6월 30일까지의 부가가치세에 대해 7월 25일까지 신고·납부하면 된다.

1기분 부가가치세 확정신고 납부세액

① 매출부가가치세 : 1천 5백만원 × 10% = 150만원

② 매입부가가치세 : 0원

③ 납부할 부가가치세 : ① - ② = 150만원(납부세액)

NOTE

조기환급대상은 다음과 같다.

① 영세율 적용대상

② 사업설비(건물·기계장치 등의 감가상각자산)의 취득

8 CASE 부동산임대업과 간이과세자

사례연구 최민호씨 고등학교동창인 나진수씨는 친구들 사이에서 지나칠 정도로 자기 이익에 밝다는 평을 듣고 있는 사람이다. 이러한 나진수씨도 올해 퇴직한 후 퇴직금으로 조그만 상가를 3억원(건물에 대한 부가가치세 2천만원 별도)에 분양받아 보증금 없이 월 2백만원을 받고 임대를 주었다.

그런데 나진수씨는 자신처럼 연간 2천 4백만원의 임대수입이 있는 사람도 세입자에게 부가가치세를 받아서 세무서에 분기별로 납부해야 하는지에 대해 최민호씨로부터 소개받은 고연우PB에게 문의하고 있다.

조언방향 부가가치세법에서는 전년도 공급대가가 1억 400만원(부동산 임대업은 4,800만원) 미만의 사업자에 대해서는 간이과세자라고 하여 부가가치세의 부담과 납세절차를 대폭 간소화하여 운영하고 있다. 아래의 심화학습에서 살펴보자.

이론정리 및 심화학습

부가가치세법에서는 납세의무자를 일반과세자와 간이과세자로 구분하여 관리한다.

1. 일반과세자
일반과세자의 경우에는 최민호씨와 같이 당해 과세기간의 매출부가가치세에서 매입부가가치세를 차감한 금액을 납부 또는 환급받는다.

2. 간이과세자
세법에서는 연간거래금액이 일정액이하인 개인영세업자에 대해서는 부가가치세의 경감과 납세편의를 도모하기 위해 간이과세제도를 운영하고 있다. 일반적으로 전년도 공급대가가 1억 400만원(부동산 임대업은 4,800만원)에 미달하는 사업자를 간이과세자라고 하여 구분관리한다.

작은사례
이러한 조언에 나진수씨는 자신의 경우에는 공급대가가 연 2천 4백만원에 불과하므로 당연히 간이과세자로 분류될 것으로 생각하고 간이과세자에 대한 규정은 어떻게 되는지 황급히 묻고 있다.

➔ 부동산임대업의 경우에는 전년도 공급대가가 간이과세 기준금액

(4,800만원)에 미달하더라도 간이과세적용이 배제되는 경우가 있다. 따라서 나진수씨는 우선 여기에 해당되는지를 검토해야 한다.

⋮⋮ 부동산임대업자의 간이과세배제

부동산임대업의 경우에는 전년도 공급대가가 4천 8백만원 이상이면 간이과세가 배제되며 4천 8백만원에 미달하더라도 국세청에서 고시한 부동산임대업기준에 해당하는 경우에는 간이과세적용이 배제된다.

NOTE

간이과세자 적용이 배제되는 부동산임대업의 기준면적은 「부록」을 참고하기 바람.

간이과세자의 부가가치세

사례연구 간이과세 배제규정을 검토한바 간이과세자에 해당한다는 것을 확인한 나진수씨는 간이과세자의 부가가치세 과세방법과 절차에 대해 궁금해하고 있다. 특히 나진수씨는 간이과세자의 경우에도 일반과세자처럼 매입부가가치세를 매출부가가치세에서 차감해 주는지 문의하고 있다.

조언방향 간이과세자의 매출부가가치세는 공급대가에 업종별 부가가치율(부동산임대업의 경우에는 40%)을 곱한 금액에 10%의 부가가치세율을 곱하여 계산한다. 아래에서 자세히 살펴보자.

이론정리 및 심화학습

⫶ 간이과세자 매출부가가치세 계산

간이과세자는 매출액(공급대가)에 업종별 부가가치율[아래표 참조]을 곱한 금액에 10%의 부가가치세율을 곱하여 계산한 금액을 매출부가가치세로 한다.

[업종별 부가가치율⁽주⁾]

업 종	부가가치율
① 소매업, 재생용 재료수집 및 판매업, 음식점업	15%
② 제조업, 농업·임업 및 어업, 소화물 전문 운송업	20%
③ 숙박업	25%
④ 건설업, 그 밖의 운수업, 창고업, 정보통신업	30%
⑤ 금융 및 보험 관련 서비스업, 전문·과학 및 기술 서비스업, 사업시설관리·사업지원 및 임대 서비스업, 부동산 관련 서비스업, 부동산임대업	40%

간이과세자의 과세기간

일반과세자의 과세기간은 1기(1.1~6.30), 2기(7.1~12.31)로 나누어지지만 간이과세자의 과세기간은 1.1~12.31일까지이다.

구 분	과세기간	
일반과세자	1기	1.1~6.30
	2기	7.1~12.31
간이과세자	1.1~12.31	

납부세액의 계산

이에 따라 나진수씨의 1년간 납부 부가가치세액를 계산하면 다음과 같다.
2,400만원(2백만원씩 1년간 받은 임대료) × 40% × 10% = 96만원

간이과세자 매입세금계산서 세액공제

간이과세자는 부가가치세 매입세액을 공제하지 않는 것이 원칙이지만 매입세금계산서를 발급받아 매입처별 세금계산서 합계표를 관할 세무서장에 제출하는 경우 발급받은 공급대가의 0.5%를 세액공제 해준다.

> NOTE 간이과세자 예정부과

간이과세자의 과세기간은 1년(1.1~12.31)이나 직전과세기간의 1/2의 금액을 예정부과기간(1.1~6.30)까지의 납부세액으로 7월 25일까지 징수한다.

간이과세자와 세금계산서

사례연구 나진수씨는 고연우PB의 설명에 매우 만족해하고 있다. 그런데 나진수씨는 갑자기 다음과 같은 의문이 들었다. 간이과세자의 경우에도 세금계산서를 발급할 수 있는지 아니면 간이과세자는 세금계산서를 발급받지 못하고 영수증만을 발급할 수 있는지에 대한 문의이다.

조언방향 전에는 간이과세자는 세금계산서를 발급할 수 없고 영수증만을 발급할 수 있었다. 그러나 부가가치세법이 개정되어 간이과세자도 원칙적으로 세금계산서를 발급해야 하며 예외적으로 세금계산서를 발급하지 않고 영수증만을 발급할 수 있는 예외규정을 두고 있다. 아래에서 살펴보자.

이론정리 및 심화학습

∷ 간이과세자와 세금계산서

간이과세자는 세금계산서 또는 영수증을 발급할 수 있다.

(1) 원칙

간이과세자도 원칙적으로 세금계산서를 발급해야 한다.

(2) 예외 : 영수증 발급

① 직전년도 공급대가가 4,800만원 미만인 간이과세자
② 신규로 사업을 시작하는 간이과세자

간이과세자와 부가가치세 예정신고

사례연구 나진수씨는 앞의 비교를 보고 나서 자신은 그래도 간이과세자로 등록을 하려고 한다. 그런데 나진수씨는 간이과세자와 관련하여 한 가지 더 질문하고 있다. 즉 이러한 간이과세는 소규모사업자의 납세편의를 위한 것인데 간이과세자도 예정신고를 직접 해야 하는 것인지에 대한 질문이다.

조언방향 간이과세자는 1년을 과세기간으로 한다. 따라서 일반과세자와 같은 예정신고는 없고, 다만 1.1~6.30까지 기간에 대한 예정납부만이 있다.

이론정리 및 심화학습

⋮ 일반과세자와 예정신고

일반과세자의 경우에는 실적에 의한 예정신고를 하는 것이 원칙이다. 그러나 법인사업자가 아닌 개인사업자의 경우에는 예정신고기간의 실적에 대해 예정신고 하는 것이 아니라 세무서에서 직전과세기간의 납부세액의 1/2에 해당하는 금액을 결정하여 징수한다. 다만 신규로 사업을 개시한 일반과세자는 직전과세기간이 없으므로 실적에 의해 예정신고 해야 한다.

간이과세자와 예정납부

간이과세자는 일반과세자와 달리 예정신고 자체를 하지 않아도 된다. 다만, 1.1~6.30까지에 대해 전년도 실적의 50%를 예정납부해야 한다.

일반과세자	법 인	실적에 의한 예정신고[주]
	개 인	전기납부세액의 50% 결정·징수
간이과세자		전년도 실적의 50%을 예정납부해야 한다.

[주] 2021. 1.1 이후부터는 직전과세기간 공급가액이 1억 5,000만원 미만인 법인사업자도 세무서가 전기납부세액의 50%를 예정고시·징수한다.

부가가치세 납세의무의 면제

사례연구 나진수씨의 사촌동생인 나열심씨는 사촌형과 달리 매우 성실한 사람으로 지난 20년간 열심히 직장생활을 해서 모은 1억원으로 조그만 상가를 하나 분양받아 월세를 주려고 한다. 예상하는 월세는 월 50만원씩 연간 6백만원이다. 그런데 자신과 같이 영세한 부동산임대업에 대해서도 부가가치세를 납부해야 하는지에 대해 궁금해하고 있다.

조언방향 걱정하지 않아도 된다. 당해 과세기간(1년)에 대한 공급대가가 4,800만원 미만인 경우에는 부가가치세 납세의무를 면제하고 있다. 나열심씨의 과세기간에 대한 임대료는 겨우 600만원 정도이므로 부가가치세 납세의무가 면제된다.

여기서 유의할 점은 간이과세자만이 부가가치세 면제대상이 된다는 것이다. 즉, 일반과세자인 경우에는 공급대가가 4,800만원 미만인 경우에도 부가가치세가 면제되지 않는다.

이론정리 및 심화학습

앞에서 살펴본 바를 정리하면 다음과 같다.

[일반과세자와 간이과세자]

구 분	일반과세자	간이과세자
납부세액	매출세액 - 매입세액	[공급대가 × 업종별부가가치율 × 10%] - [매입세금계산서 세액공제]
세금계산서	발급 가능	간이과세자 중 4,800만원 이상인 자는 발급 가능
예정신고	자진신고납부, 단 개인사업자는 세무서가 예정고지	예정납부의무 있음
납세의무 면제	해당 없음	당해 과세기간(1년)의 공급가액 4,800만원 미만시 면제(나열심씨)
환급세액	매입세액이 매출세액을 초과하는 경우에는 환급해줌	해당없음

13 CASE 부동산임대소득과 소득세

사례연구 고연우PB를 통해 상가와 관련한 부가가치세에 대해 자세히 알아본 최민호씨는 이제 자신의 금년도 임대소득에 대한 소득세는 어떻게 계산하고 내야하는지에 대해 궁금해하고 있다. 최민호씨의 금년도 임대료수입은 6천만원(월 5백만원씩 12개월, 부가가치세 제외)으로 다른 수입은 없다.

그리고 임대물건을 관리하기 위하여 지출한 비용은 1천 2백만원(관리인 급여)과 기타경비 3백만원이 있다. 비용에 대한 증빙은 전부 보유하고 있으며 장부기장에 의해 소득세를 신고하려고 한다. 그리고 최민호씨의 종합소득공제 금액은 4백만원이라고 가정한다.

조언방향 부동산임대업을 하는 최민호씨의 소득세는 원칙적으로 임대업과 관련한 수입과 지출을 장부에 기장하여 그에 따라 소득세를 신고·납부해야 한다. 만일 장부기장을 하지 않는 경우에는 추계결정에 의해 소득세를 결정하는데 이때에는 기준경비율에 의해 신고해야 한다.

이론정리 및 심화학습

소득세 계산구조는 다음과 같다.

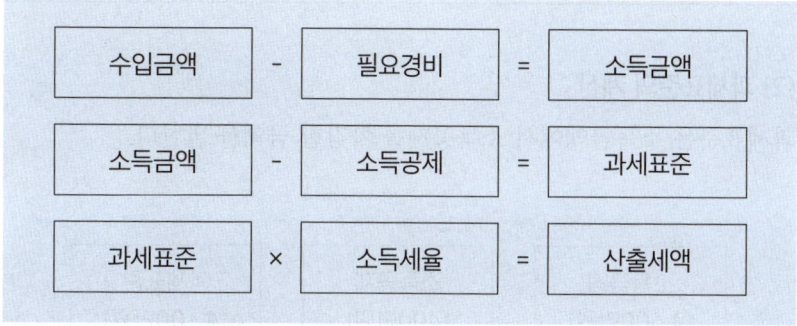

1. 장부기장에 의한 소득세 신고

우선 기장에 의해 신고하는 경우를 살펴보자.

(1) 소득금액의 계산

부동산임대소득에 대한 소득금액은 다음과 같이 수입금액에서 필요경비를 차감한 것을 말한다.

| 수입금액 | - | 필요경비 | = | 소득금액 |

구 분	금 액
수입금액	6,000만원
△필요경비	1,500만원(= 급여 + 기타경비)
소득금액	4,500만원

(2) 과세표준의 계산

과세표준은 소득금액에서 소득공제를 차감한 금액을 말한다.

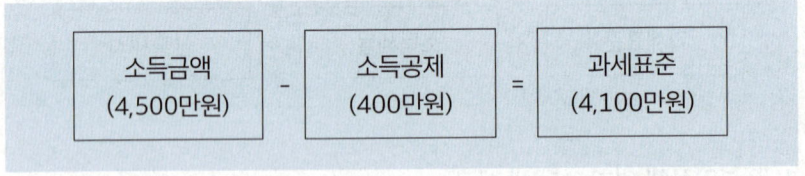

과세표준 = 소득금액 - 소득공제

= 4천 5백만원 - 4백만원 = 4천 1백만원

(3) 산출세액의 계산

산출세액은 과세표준에 소득세율을 곱하여 계산한다.

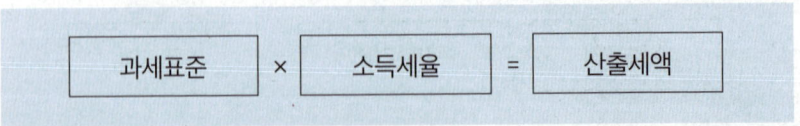

산출세액 = 4천 1백만원 × 소득세율

= 84만원 + (2천 7백만원 × 15%) = 489만원

NOTE

[소득세율]

과 세 표 준	세 율
1,400만원 이하	과세표준의 6%
1,400만원 초과 5,000만원 이하	84만원 + 1,400만원 초과금액의 15%
5,000만원 초과 8,800만원 이하	624만원 + 5,000만원 초과금액의 24%
8,800만원 초과 1억 5,000만원 이하	1,536만원 + 8,800만원 초과금액의 35%
1억 5,000만원 초과 3억원 이하	3,706만원 + 1억 5,000만원 초과금액의 38%
3억원 초과 5억원 이하	9,406만원 + 3억원 초과금액의 40%
5억원 초과 10억원 이하	1억 7,406만원 + 5억원 초과금액의 42%
10억원 초과	3억 8,406만원 + 10억원 초과금액의 45%

장부기장을 하지 않은 경우

사례연구 최민호씨는 기장에 의한 신고의 경우 생각보다 많은 세부담에 당황해 하고 있다. 그래서 최민호씨는 만일 자신이 기장하지 않고 버티는 경우에는 세무서에서 어떻게 과세하며 그런 경우 소득세 부담액은 얼마가 될 것인지 문의하고 있다.

조언방향 장부를 기장하지 않아 추계결정하는 경우에는 기준경비율제도에 의해 소득금액을 결정한다. 하지만 기준경비율에 의해 추계결정하는 경우에도 매입비용, 임차료, 급여 등의 중요비용에 대해서는 증빙이 있어야 비용을 인정하며 그 이외의 다른 경비에 대해서는 수입금액에 기준경비율을 곱한 금액을 추가로 공제해 준다.

이론정리 및 심화학습

1. 기준경비율에 의한 소득세신고

(1) 소득금액계산

추계결정시 기준경비율에 의한 소득금액은 다음과 같이 계산한다.

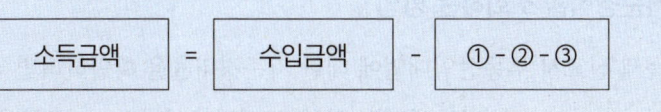

①	매입비용과 임차료(증빙 필요)
②	종업원급여, 임금, 퇴직급여(증빙 필요)
③	수입금액 × 기준경비율

NOTE

과거에는 추계결정시 단순히 수입금액에 대해 표준소득률을 곱하여 소득금액을 산출하였지만 매입비용, 임차료, 종업원급여등의 기본적인 경비에 대해서는 증빙이 있어야만 인정해 주고 나머지에 대해서는 수입금액에 기준경비율을 곱한 금액을 추가적으로 차감해준다.

즉 추계결정하는 경우에도 주요경비에 대해서는 증빙을 보유하고 있어야만 경비로 인정해준다. 따라서 최민호씨가 종업원급여를 경비로 인정받으려면 이에 대한 증빙을 보관·유지하고 있어야 한다.

기준경비율

기준경비율은 업종별로 기준경비심의회 심의를 거쳐 소득세확정신고기간(5월) 개시 1개월 전쯤 국세청장이 매년 결정고시한다.

기준경비율 조회하는 방법

소득세 신고시 부동산임대업에 대한 기준경비율을 확인하려면 국세청 홈페이지(www.nts.go.kr)에 접속하여 국세정보서비스 ⇒ 조회와 계산 ⇒ 기준경비율을 클릭한 후 업종란에 임대업을 기입하고 조회를 하면 원하는 각종 임대업의 기준경비율을 찾을 수 있다. 참고로 일반적인 상가의 임대는 업종코드가 (701201)이고 소규모임대업자의 업종코드는 (701202)이다.

기준경비율을 23.4%로 가정하고 소득금액을 계산하면 다음과 같다.

구 분		금 액
수입금액		6,000만원
△주요경비	① 매입과 임차료	0원
	② 종업원인건비	1,200만원
	③ 기준경비율에 의한 경비	1,404만원(주)
소득금액		3,396만원

(주) 6천만원(수입금액) × 23.4%(임대업의 기준경비율)

(2) 과세표준계산

소득금액 3,396만원에서 소득공제 400만원을 차감한 2,996만원이 과세표준이 된다.

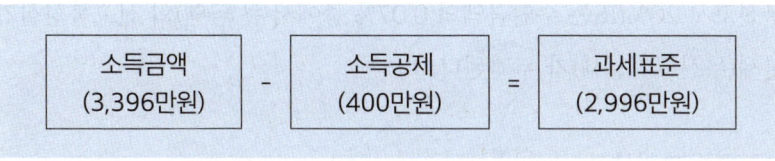

(3) 산출세액의 계산

산출세액 = 과세표준 × 소득세율
    = 84만원 + (1,596만원 × 15%) ≒ 324만원이다.

NOTE

최민호씨의 경우에는 장부에 의해 신고하는 것보다 차라리 기준경비율에 의해 신고하는 것이 유리하다. 그런데 이렇게 기준경비율에 의해 추계신고하는 경우에는 산출세액의 20%를 무기장가산세(주)로 추가부담해야 한다.

(주) 이러한 무기장가산세는 당해연도 신규개업자와 직전사업연도 수입금액이 4천 8백만원 미만인 소규모사업자에게는 해당되지 않는다.

복식부기의무자

복식부기의무자란 장부기장에 의해 신고해야 하는 사업자를 말한다. 부동산임대업의 경우 직전사업연도 수입금액이 7천 5백만원 이상인 경우 복식부기의무자이다. 그런데 이러한 복식부기의무자가 기준경비율에 의해 신고하는 경우에는 수입금액 × 기준경비율 × 1/2만 기타경비로 인정되며 무신고시 20%(또는 수입금액의 0.07% 중에서 큰 금액)의 신고불성실가산세(무신고가산세)가 부과된다.

간편장부대상자

부동산임대업자로 직전사업연도 수입금액이 7천 5백만원에 미달하는 사업자는 간편장부대상자이다. 이러한 간편장부대상자가 복식기장에 의해 소득세를 신고하는 경우에는 20%의 기장세액공제(1백만원 한도)를 해주지만 추계결정(기준경비율이나 단순경비율에 의한)에 의해 신고하는 경우에는 20%의 무기장가산세가 부과된다.

따라서 장부기장하여 신고하는 경우와 추계결정에 의해 신고하는 경우에는 결과적으로 총 40%의 부담세액 차이가 난다.

[사업자 규모별 요약]

구 분	장부기장신고시	무신고시[주1]
복식부기 의무자	-	20%와 수입금액의 0.07% 중에서 큰 금액을 가산세로 부담함
간편장부 대상자	20%의 기장세액공제(1백만원한도)	20%의 무신고(또는 무기장)가산세[주2]

(주1) 추계신고시는 20%의 무기장가산세가 적용된다.
(주2) 무기장가산세는 당해연도 신규개업자와 직전사업연도 수입금액이 4천 8백만원 미만인 소규모사업자는 해당되지 않는다.

15 CASE 단순경비율 적용대상자

사례연구 최민호씨는 이러한 소득세 계산사례를 보고 생각보다 많은 세부담에 놀라며 자신처럼 올해 처음 사업을 개시한 사업자에게는 다른 혜택이 없는지 다시 한 번 문의하고 있다.

조언방향 당해연도에 처음으로 사업을 개시한자와 직전사업연도에 수입금액이 일정한 금액미만인 사업자에 대해서는 추계결정시 단순경비율을 적용하여 소득세를 산출한다.
아래의 심화학습을 살펴보자.

이론정리 및 심화학습

1. 단순경비율 적용대상자

당해연도 신규사업자⁽주⁾와 직전사업연도의 수입금액이 일정액 미만인 영세규모 사업자인 경우에는 단순경비율을 적용하여 소득세를 계산하여 신고할 수 있다. 부동산임대업의 경우 직전사업연도의 수입금액이 2천 4백만원 미만이면 단순경비율을 적용받을 수 있다.

단순경비율에 의해 소득세를 계산하는 경우에는 사용한 실제경비를 고려하지 않고 수입금액에 업종별 단순경비율을 곱한 금액을 필요경비로 인정한다. 이러한 단순경비율도 매년 국세청장이 결정고시하는데 결정된 단순경비율을 33.5%라고 가정하여 소득금액을 계산하면 다음과 같다.

(주) 신규사업자도 그해 수입금액이 복식부기의무자에 해당하면 단순경비율 적용을 받을 수 없다.

2. 단순경비율에 의한 소득금액계산

구 분	금 액
수입금액	6,000만원
△필요경비	2,010만원(주)
소득금액	3,990만원

(주) 6천만원(수입금액) × 33.5%(임대업의 단순경비율)

3. 과세표준과 산출세액

과세표준은 소득금액 3,990만원에서 소득공제금액 4백만원을 차감한 3,590만원이 된다. 그리고 산출세액은 413만원(≒ 84만원 + 2,190만원 × 15%)이다.

NOTE

최민호씨의 경우에는 단순경비율로 하는 것이 오히려 기준경비율에 의해 계산하는 것보다 불리하다. 그 이유는 무엇일까? 무엇보다 부동산임대업의 경우에는 단순경비율과 기준경비율과의 차이가 별로 나지 않기 때문이다.

이러한 단순경비율도 매년 기준경비율과 함께 결정 고시된다. 단순경비율의 조회도 앞에서 살펴본 기준경비율처럼 국세청홈페이지에서 찾아볼 수 있다.

기준경비율과 단순경비율 적용선택

개인사업자가 추계결정시에는 단순경비율에 의해 계산한 소득금액에 일정배율(기획재정부령으로 정하는 배율)을 곱한 금액과 기준경비율에 의해 계산한 소득금액 중에서 적은 금액을 선택하여 신고할 수 있다.
(2027년 귀속 소득분까지 적용함)

다른 종합소득이 있는 경우

사례연구 만일 최민호씨가 부동산임대소득(사업소득)외에 근로소득 4천만원이 있는 경우 소득세신고는 어떻게 해야 할까?

조언방향 부동산임대소득이 속한 사업소득은 소득세법상 종합소득 중 하나이다. 따라서 다른 종합소득이 있는 경우에는 다른 종합소득과 합산하여 종합과세하는 것이 원칙이다. 아래의 심화학습에서 살펴보자.

이론정리 및 심화학습

소득의 구분

소득세법에서는 소득의 종류를 크게는 종합소득, 양도소득, 퇴직소득 등 3가지로 구분한다. 이러한 3가지소득은 서로 합산하지 않고 구분계산하여 세금을 과세한다. 이를 분류과세라고 한다.

[소득의 분류]

종합소득
양도소득
퇴직소득

(1) 종합소득

이러한 3가지로 분류한 소득 중에서 종합소득은 다시 이자소득, 배당소득, 사업소득 등의 6가지 소득으로 구분된다.

종합소득	이자소득
	배당소득
	사업소득
	근로소득
	연금소득
	기타소득

위의 6가지 종합소득은 합산하여 종합과세하는 것이 원칙이다. 따라서 최민호씨가 사업소득인 부동산임대소득(주) 외에 근로소득이 있다면 당연히 합산하여 종합과세된다.

(주) 부동산임대소득도 독립된 종합소득 중의 하나였으나 사업소득에 통합되었다.

작은사례 1

이러한 설명에 최민호씨는 근로소득의 경우 연말정산에 의해 납세의무가 종결되는 것으로 알고 있는데 어떻게 종합과세가 되느냐며 반문하고 있다.

➜ 근로소득이 연말정산에 의해 납세의무를 종결하는 경우는 근로소득자가 근로소득 외에 종합과세 되는 소득(부동산임대소득 등)이 없는 경우에 한한다. 따라서 부동산임대소득이 있는 경우에는 근로소득을 연말정산했다고 하더라도 5월달에 합산하여 종합신고해야 한다.

작은사례 2

최민호씨는 그렇다면 자신의 경우 이자소득도 금년도 1천 5백만원이 있는데 이것도 부동산임대소득과 합산하여 신고해야 하는 것 아니냐고 질문하고 있다.

➜ 그렇지 않다. 금융소득(이자소득 + 배당소득)은 2,000만원 이하인 경우에는 종합과세하지 않고 분리과세를 한다. 따라서 2,000만원 이하의 금융소득은 지급받을 때 부담한 15.4%(= 소득세14% + 지방소득세1.4%)의 원천징수에 의해 납세의무를 종결하게 된다.

부동산임대소득의 귀속시기

사례연구 최민호씨는 임차인과 계약할 때 매월 말일에 월세(5백만원)를 받기로 하였다. 그런데 10월분까지는 월세를 잘 내던 세입자가 일시적인 자금경색으로 11월분과 12월분은 내지 않고 금년이 지나가고 있다. 과연 이런 경우에도 받지 못한 임대료 2개월치에 대해 부가가치세와 소득세법상 소득세 납세의무가 있는지 불안해하면서 문의하고 있다.

조언방향 우선 소득세법을 살펴보면 부동산임대소득의 수입시기는 임대료를 받은 날이 아니라 임대료를 받기로 한 날이기 때문에 실질적으로 2개월분에 대해 받지 못한 경우에도 부동산임대소득에 포함하여 신고해야 한다. 따라서 최민호씨의 부동산임대소득의 수입금액은 5천만원(=5백만원씩 10개월분)이 아니라 6천만원(=5백만원 × 12개월)이 된다.

이론정리 및 심화학습

부동산임대소득의 수입시기

부동산임대소득의 수입시기는 임대료를 실제로 받은 날이 아니라 계약에 의해 받기로 한 날이다. 따라서 임대료를 실제로 받지 못한 경우라도 받기로 한 날이 도래한 경우에는 부동산임대소득에 포함하여 신고해야 한다.

작은사례

그러면 부가가치세는 어떻게 될까? 위의 경우처럼 2개월분의 임대료를 받지 못한 경우에도 부가가치세의 납세의무가 있을까?

➜ 부가가치세도 마찬가지이다. 따라서 미납된 2개월분의 임대료에 대한 부가가치세도 납부하여야 한다.

18 CASE 임대료를 선불로 받은 경우

사례연구   이러한 조언에 놀란 최민호씨는 세입자에게 강력히 요구하여 12월 31일에 극적으로 2달치 임대료는 받았다. 해가 바뀌자 최민호씨는 세입자를 만나 남은 계약기간인 2년간의 임대료를 선불로 줄 것을 요구하고 있다. 세입자는 처음에는 난감해 했으나 어차피 낼 것이고 자금경색도 풀려 2년간의 임대료인 1억 2천만원과 부가가치세 1천 2백만원을 선불로 지급하였다. 그러자 최민호씨는 이렇게 선불로 임대료를 받은 경우 당해연도 소득세와 부가가치세는 어떻게 신고해야 하는지 문의하고 있다.

조언방향   선불로 받은 경우에도 당해연도 과세기간에 해당하는 임대료에 대해서만 부가가치세와 소득세의 납세의무가 있다.

이론정리 및 심화학습

소득세법과 부가가치세법에서는 임대료를 선불로 받은 경우에도 당해 과세기간에 해당하는 금액에 대해서만 신고하도록 규정하고 있다.

작은사례

그런데 위의 경우 2년치를 선불로 받으면서 세금계산서를 발행해준 경우에는 어떻게 될 것인가?

➔ 부가가치세는 달라진다. 부가가치세법에서는 공급시기가 도래하기 전에라도 대가를 받고 세금계산서를 발행했다면 부가가치세를 납부해야 한다.

19 CASE 임대보증금에 대한 간주임대료

사례연구 최민호씨의 또 다른 친구 이강석씨는 개업의사로 지난 20년간 병원을 운영하여 모은 돈으로 얼마 전 상가건물을 20억원에 매입하였다. 그리고 이 건물을 월세가 아닌 전세로 임대보증금 5억원에 임대를 주었다. 이강석씨는 임대보증금으로 받은 5억원 중에서 3억원으로는 골프회원권을 구입했고 나머지 2억원은 고연우PB가 근무하는 은행에 예금을 하였다.

이강석씨는 월세를 받지 않았기 때문에 당연히 부가가치세가 없다고 생각하지만 혹시나 해서 고연우씨에게 문의하고 있다. 과연 그럴까?

조언방향 월세로 임대료를 받지 않고 임대보증금만을 받은 전세의 경우에도 간주임대료라고 하여 부가가치세 납세의무가 있다.

아래의 심화학습에서 자세히 살펴보자.

이론정리 및 심화학습

⁝ 부가가치세법상 간주임대료

월세를 받지 않고 임대보증금만을 받은 경우에도 부가가치세법에서는 간주임대료라고 하여 보증금에 정기예금 이자율(기획재정부령으로 정함)을 곱한 금액을 부가가치세 과세표준으로 한다. 그리고 이 과세표준의 10%에 해당하는 금액을 부가가치세로 납부해야 한다.

고시된 이자율이 2%라고 가정하면 1기분(1월 1일 ~ 6월 30일)의 간주임대료에 대한 부가가치세는 다음과 같다.

(1) 부가가치세 과세표준

5억원 × 2% × 181일/365일 ≒ 501만원

(2) 부가가치세 산출세액

501만원 × 10% ≒ 50만원

따라서 임대료를 받지 않고 보증금만 받은 경우에도 50만원의 부가가치세를 납부해야 한다.

작은사례

이러한 조언에 당황한 이강석씨는 부가가치세는 원래 임차인이 부담하는 것이니 간주임대료에 대한 부가가치세를 세입자에게 받으면 안 되냐고 문의하고 있다.

→ 물론 계약에 의해 이러한 간주임대료를 세입자가 부담하기로 하면 세입자에게 받아서 납부할 수 있다.

소득세법상의 간주임대료

사례연구 이강석씨는 임대보증금만을 받은 경우에도 부가가치세가 과세된다는 조언에 황당해 하면서 간주임대료에 대한 부가가치세를 세입자에 받도록 계약을 수정하려고 하고 있다. 그러면서 혹시 소득세에도 이런 간주임대료라고 하여 과세하는지 문의하고 있다.

조언방향 그렇다. 소득세법에도 간주임대료를 계산하여 임대료를 받지 않은 경우에도 소득세를 과세한다.

이론정리 및 심화학습

소득세법상 간주임대료

소득세법에서도 임대보증금에 대해 1년에 정기예금 이자율(이 이자율도 기획재정부령으로 정하며 부가가치세 계산시 이자율과 동일한 것이 일반적임)을 곱한 금액을 간주임대료라고 하여 부동산임대수입금액에 가산한다.

고시된 이자율이 2%인 경우 임대소득금액은 다음과 같다.
(5억원 × 2%) × 365일/365일 = 1,000만원

작은사례

이강석씨는 자신의 경우 임대보증금으로 받은 5억원 중 2억원을 은행에 예금하여 발생한 이자소득 9백만원에 대해 소득세14%(지방소득세 포함 15.4%)를 부담했는데 간주임대료에 대해 소득세를 과세한다면 2중과세가 아니냐며 괜히 상담하는 고연우씨에게 흥분하고 있다.

➡ 맞는 지적이다. 따라서 이렇게 임대보증금에서 발생한 금융소득이 있는 경우에는 간주임대료 계산시 차감한다. 따라서 이강석씨의 경우 간주임대료는 100만원(= 1,000만원 - 900만원)이다.

NOTE
간주임대료 계산시 차감되는 금융소득은 장부나 증빙서류에 의해 임대보증금으로 취득한 것이 확인되는 금융자산으로부터 발생한 수입이자·할인료 및 배당금 등을 의미한다.

임대보증금으로 건물을 구입한 경우

사례연구 이강석씨의 대학동창인 치과의사 오풍진씨는 아버님에게 물려받은 토지에 건물을 신축하여 임대보증금 3억원에 전세를 주었다. 자신의 경우에는 임대보증금 3억원을 받아 건물신축 공사비로 사용하였는데 이런 경우에도 간주임대료 계산에 해당하는지 문의하고 있다.

조언방향 오풍진씨처럼 임대보증금을 가지고 임대용부동산의 건설비(구입비용을 포함한다)에 사용한 경우 소득세법상 간주임대료 계산시 차감한다. 따라서 임대보증금 전액을 건설비로 사용한 오풍진씨는 간주임대료가 없게 된다.

이론정리 및 심화학습

┋ 임대보증금을 건설비에 충당한 경우

이러한 건설비는 간주임대료 계산시 보증금에서 차감하는 것이 원칙이다. 그러나 부동산임대소득의 소득세 계산시 장부기장에 의하지 않고 추계결정(기준경비율, 또는 단순경비율)에 의해 신고하는 경우에는 건설비 상당액을 공제해주지 않는다.

NOTE

우리는 지금까지 임대보증금에 대한 간주임대료를 살펴보았다. 그런데 이러한 간주임대료에 대한 부가가치세법과 소득세법상의 규정이 다소 다르다. 간주임대료 계산이자율은 동일하게 고시되는 것이 일반적이다. 그러나 임대보증금에서 발생한 금융소득(이자, 배당 등)은 소득세 계산시는 차감하나 부가가치세 계산시는 차감하지 않는다.

또한 건물의 건설비로 임대보증금이 사용된 경우에도 소득세법에서는 간주임대료 계산시 차감하여 주나 부가가치세법에서는 고려하지 않는다.

[간주임대료의 소득세·부가가치세 비교]

구 분	임대보증금에 대한 간주임대료	임대보증금에서 발생한 이자소득 등	건설비의 차감여부
부가가치세	계산대상임	고려하지 않음	고려하지 않음
소 득 세	계산대상임	계산시 차감	계산시 차감

주택임대시 간주임대료

사례연구 이러한 간주임대료와 관련된 조언에 학구적인 이강석씨는 만일 상가가 아닌 주택인 아파트를 매입하여 전세보증금만 받고 임대를 준 경우에도 간주임대료를 계산하는지에 대해 다시 문의하고 있다.

조언방향 앞서 살펴본 것처럼 주택의 임대용역은 부가가치세 과세대상이 아니다. 따라서 주택임대보증금은 당연히 부가가치세법상 간주임대료를 계산하지 않는다.

소득세법에서도 상시 주거용으로 사용하는 주택(건물과 일정면적의 부수토지 포함)의 임대보증금에 대해서는 간주임대료를 계산하지 않았다. 그러나 다주택 보유자의 임대보증금에 대해서도 간주임대료를 계산하여 과세하는 경우가 있다. 자세한 내용은 제6장 「주택의 임대와 임대차보호법」에서 알아보기로 하자.

CASE 23 전기료와 난방비 등을 받는 경우

사례연구 최민호씨는 막상 상가를 임대하다보니 청소비와 난방비가 생각보다 많이 든다는 사실을 알았다. 그래서 다음에 임대계약을 연장할 때에는 전기료와 수도료 외에 청소비와 난방비를 따로 받으려고 하고 있다. 그런데 이처럼 난방비 등을 실비로 받는 경우 이러한 금액도 소득세 계산시 임대료수입금액에 포함되는 것일까?

조언방향 전기료·수도료 등의 공공요금을 받는 경우에는 임대수입금액에서 제외되지만 난방비·청소비 등 임대료 이외에 유지비나 관리비등의 명목으로 지급받는 금액은 부동산임대수입금액에 해당한다.

이론정리 및 심화학습

공공요금을 따로 받는 경우

전기료·수도료 등의 공공요금은 부동산임대수입금액에 포함하지 않는다. 그러나 난방비·청소비 등은 부동산 임대료와 구분하여 따로 받는 경우에도 이를 부동산임대수입금액에 포함한다.

구 분	수입금액 포함
전기료 등 공공요금	불포함
청소비 등 부대요금	포 함

작은사례

난방비와 청소비도 임대수입금액에 포함한다는 조언을 들은 최민호씨는 그럼 청소비를 전기료와 수도료의 명목으로 더 받으면 되지 않느냐며 반문하고 있다.

➜ 안타깝지만 그렇지 않다. 전기료·수도료 등의 공공요금의 명목으로 받는 금액도 공공요금의 납부금액을 초과할 때는 그 초과금액은 역시 부동산임대수입금액에 산입한다. 부가가치세의 경우도 동일하다.

상가의 양도와 부가가치세 (일반과세자)

사례연구 최민호씨는 상가를 임대준 후 1년 10개월이 지나자 갑자기 자금이 필요하여 자신이 보유하던 상가 중 1채를 양도하려고 하고 있다. 다행히 상가는 가격이 조금 올라 시가가 3억원 정도이다. 이런 경우 자신이 상가를 양도할 때 부가가치세를 얼마나 납부해야 하는지 궁금해하고 있다.

조언방향 우리가 앞에서 살펴본 것(사례연구 14번)처럼 최민호씨는 자신의 상가를 부가가치세가 과세되는 임대업에 사용했다가 양도하기 때문에 부가가치세를 납부하여야 한다.

따라서 최민호씨는 상가의 양도시 얼마의 부가가치세를 부담해야 하는지 반드시 고려하여 의사결정해야 한다.

이론정리 및 심화학습

일반과세자의 경우에는 상가를 양도할 때 상가의 건물분에 대한 부가가치세를 부담해야 한다.

작은사례 1

상가를 3억원에 양도하는 경우 최민수씨는 얼마의 부가가치세를 부담해야 하나?

➡ 3억원에 양도하는 경우 최민호씨는 우선 3억원의 양도대금을 토지분과 건물분으로 구분하여야 한다. 그런 다음 건물분에 대해 10%를 곱한 금액을 부가가치세로 납부해야 한다.

토지분과 건물분

양도대금 3억원을 토지분과 건물분으로 안분하는 이유는 토지는 면세이기 때문이다. 안분하는 기준은 원칙적으로는 토지와 건물의 실거래가액에 의하지만 토지와 건물을 구분하지 않고 일괄양도 하는 경우에는 양도당시의 토지와 건물에 대한 기준시가비율로 안분계산 한다. (감정가액이 있는 경우에는 감정가액 비율로 안분계산함)

즉 양도 당시 토지와 건물의 기준시가가 각각 1억원이라고 가정하자.(일반적으로 기준시가는 실거래가액보다 낮다) 그렇다면 양도가액 3억원도 토지분 1억 5천만원, 건물분 1억 5천만원이 된다. 따라서 최민호씨는 건물분 1억 5천만원에 대한 부가가치세 10%(일반과세자이기 때문임)를 곱한 금액인 1천 5백만원의 부가가치세를 받아 납부해야 한다. 따라서 3억원이 아닌 3억 1천5백만원을 양도가액으로 계약해야만 손해가 없다.

작은사례 2

만일 부가가치세를 별도로 하지 않고 그냥 3억원(부가가치세 포함)만 받은 경우에는 얼마의 부가가치세를 납부해야 할까?

→ 3억원에 일괄양도하는 경우(이런 경우가 오히려 더 일반적일 것이다) 토지분을 1이라고 하면 건물분도 1(왜냐하면 토지와 건물의 기준시가가 동일하기 때문임)일 것이고 건물분에 대한 부가가치세는 0.1 (=1×10%)이 된다. 이 기준에 의해 안분계산하면 된다.

① 토지분 안분금액 : 3억원×1/2.1 = 142,857,143원
② 건물분 안분금액 : 3억원×1/2.1 = 142,857,143원
③ 건물분에 대한 부가가치세 : 3억원×0.1/2.1 = 14,285,714원

따라서 양도대금 3억원 중에서 14,285,714원을 부가가치세로 납부해야 한다.

검산

①+②+③ = 3억원 [총 양도가액]
③ = ②×10% [건물분부가가치세 = 건물분 금액×10%]

NOTE

계약서상에 부가가치세 별도라는 문구가 없으면 부가가치세를 포함한 것으로 보기 때문에 부동산 계약시 반드시 부가가치세의 포함여부를 확인해야 한다.

부동산임대업을 사업양도하는 경우

사례연구 이러한 조언에 최민호씨는 만일 자신이 상가 5채의 임대업과 관련된 모든 권리와 의무를 포괄적으로 같은 부동산임대사업자인 김남수씨에게 사업양도를 하기로 한 경우는 어떻게 되는지 질의하고 있다. 최민호(양도자)씨는 이런 경우 자신이 양도시 건물분에 대한 부가가치세를 징수하여 납부하면 어차피 김남수씨(양수자)도 일반과세자여서 매입세액으로 공제받기 때문에 세무서에서는 실익이 없는데도 부가가치세를 꼭 징수해서 납부해야 하는지에 대해 문의하고 있다.

조언방향 만일 부동산임대업 전부를 포괄양도하는 경우 세무서에서 그것이 사업양도에 해당한다고 판단하면 부가가치세 과세대상이 되지 않을 수 있다.

이론정리 및 심화학습

1. 임대부동산 양도시 부가가치세가 과세되는 이유

일반적으로 임대부동산 양도시 부가가치세가 과세되는 이유는 무엇일까? 그것은 과세사업(부동산임대업)에 사용하던 사업용 고정자산을 양도하기 때문이다. 그런데 부가가치세법에서는 사업양도의 경우는 부가가치세과세대상이 아니라고 규정하고 있다.

즉 임대인의 법률상 지위가 양도되는 포괄승계로서 사업의 양도에 해당하면 부가가치세가 과세되지 않는다는 것이다.

그 이유 중에 하나는 위의 사례에서 본 것처럼 양도자에게 부가가치세를 징수하고 양수자에게 같은 금액을 매입세액으로 공제해주는 실익이 없는 번잡함을 덜기 위함도 있다.

2. 사업의 양도

부가가치세법상 사업의 양도란 사업장별로 그 사업에 관한 모든 권리와 의무를 포괄적으로 승계하는 것을 말한다.

작은사례

만일 최민호씨가 부동산임대업을 하는 김남수씨가 아니라 제조업을 하는 일반과세자인 나제조씨에게 상가 5채를 일괄하여 양도하는 경우에는 어떻게 될까? 이런 경우에도 사업의 양도로 인정받을 수 있을까?

➡ 인정된다. 사업의 양도란 과거에는 사업의 동일성(위의 경우 임대업)이 유지되어야 했다. 그러나 현행 세법에서는 사업에 관한 포괄적 사업 양수도라면 다른 업종을 영위하는 자에게 양도하여도 사업양도로 보아 부가가치세를 과세하지 않는다.

상가양도와 양도소득세 (일반과세자)

사례연구 최민호씨는 이러한 조언에 상가의 포괄적 사업양도로 상가를 사겠다는 사람에게 상가 1채(실제취득가액 2억원)를 3억원에 매각하려고 하는데 이런 경우 양도소득세는 얼마인지 궁금해하고 있다. 상가에 대한 기준시가는 취득시 1억 4천만원(토지 7천만원, 건물 7천만원)이었고 양도시 1억 9천만원(토지 1억원, 건물 9천만원)이며 상가구입시 들어간 부대비용은 1천만원이다.

조언방향 양도소득세는 원칙적으로 실거래가액이 원칙이다. 아래 심화학습에서 실거래가액에 의해 양도소득세 산출세액을 계산해 보자.

이론정리 및 심화학습

∷ 양도소득세의 계산구조

양도소득세의 기본적인 계산구조는 다음과 같다.

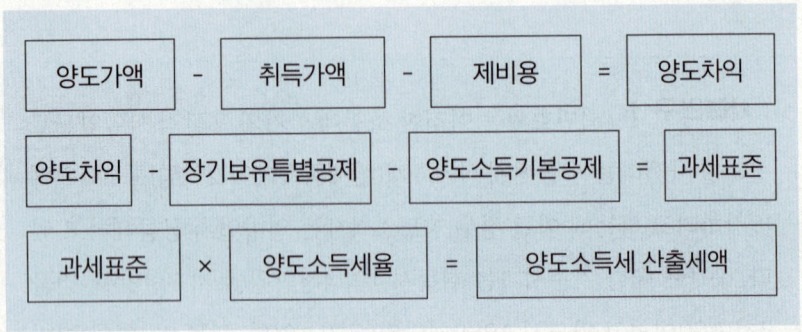

(1) 양도가액과 취득가액

양도소득세법에서는 양도가액과 취득가액은 원칙적으로 실거래가액에 의한다. 따라서 양도가액은 3억원이고 취득가액은 2억원이다.

그리고 제비용은 취득세·등록세 등 부동산취득에 실제로 들어간 비용을 공제한다. 이에 따라 최민호씨의 양도차익을 계산하면 다음과 같다.

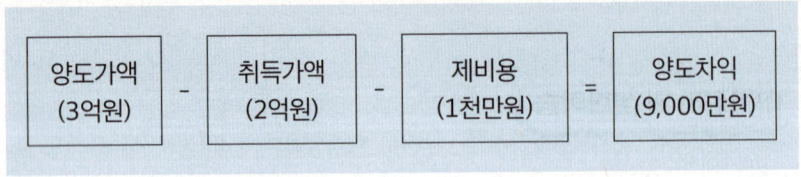

(2) 장기보유특별공제와 양도소득기본공제
　① 장기보유특별공제

3년 이상 보유한 토지와 건물(미등기 제외)에 대해서는 다음의 금액을 장기보유특별공제로 양도차익에서 공제한다.

[장기보유특별공제]

보유 기간	공제금액(주)
3년 이상 4년 미만	양도차익의 6%
4년 이상 15년 미만	보유연수 × 2%
15년 이상	30%

(주) 2년 이상 거주하면서 3년 이상 보유한 1세대 1주택은 [보유연수×4%(40% 한도) + 거주연수×4%(40% 한도)]를 공제한다.

그런데 최민호씨의 경우에는 보유기간이 3년이 되지 않았기 때문에 장기보유특별공제는 해당하지 않는다.

② 양도소득기본공제

1년에 250만원을 공제해준다. 주의해야 할 사항은 양도자별로 1년에 250만원이 공제되기 때문에 이번에 공제받으면 최민호씨가 당해 연도에 다른 상가를 양도하더라도 공제받을 수 없다.

| 양도차익
(9,000만원) | - | 장기보유특별공제
(해당 없음) | - | 양도소득기본공제
(250만원) | = | 과세표준
(8,750만원) |

(3) 양도소득세 산출세액

위에서 계산한 과세표준 8,750만원에 양도소득세율을 곱한 금액이 양도소득세 산출세액이 된다.

[양도소득세율]

과 세 표 준	세 율
1,400만원 이하	과세표준의 6%
1,400만원 초과 5,000만원 이하	84만원 + 1,400만원 초과금액의 15%
5,000만원 초과 8,800만원 이하	624만원 + 5,000만원 초과금액의 24%
8,800만원 초과 1억 5,000만원 이하	1,536만원 + 8,800만원 초과금액의 35%
1억 5,000만원 초과 3억원 이하	3,706만원 + 1억 5,000만원 초과금액의 38%
3억원 초과 5억원 이하	9,406만원 + 3억원 초과금액의 40%
5억원 초과 10억원 이하	1억 7,406만원 + 5억원 초과금액의 42%
10억원 초과	3억 8,406만원 + 10억원 초과금액의 45%

상가의 경우 위의 양도소득세율이 적용되지만 1년 미만 보유한 경우는 50%, 2년 미만 보유한 경우는 40%의 단일세율을 적용한다.

구 분	적용양도소득세율
1년 미만	50%
1년 이상 2년 미만	40%
미등기양도	70%

최민호씨는 1년 10개월을 보유했으므로 40%의 단일세율을 적용받는다. 이에 따라 계산한 산출세액은 다음과 같다.

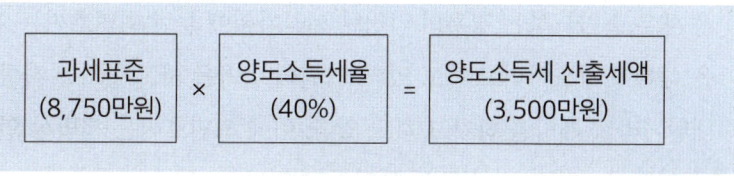

작은사례

만일 최민호씨가 2개월을 더 보유한 후에 양도하여 보유기간이 2년이상이 된 경우 산출세액은 얼마나 줄어들게 되나?

➡ 2년 이상 보유하면 일반적인 양도소득세율이 적용되어 양도소득세가 많이 줄어들게 된다. 계산하여 보면 1,524만원[= 624만원 + (8,750만원 – 5,000만원) × 24%]이 되어 많이 줄어들게 된다.

구 분	양도소득산출세액
1년 10개월 보유시	3,500만원
2년 보유시	1,524만원
차 이	1,976만원

양도시기와 취득시기

사례연구 이렇듯 1년 10개월을 보유하고 양도하는 경우와 2년을 채우고 양도하는 경우의 엄청난 세금차이에 놀란 최민호씨는 2년을 채우고 양도하려고 하고 있다. 그런데 상가를 사고자 하는 사람은 내일이라도 계약을 하자고 하고 있다. 이에 최민호씨는 세법상 언제가 양도시기가 되는지 급히 문의하고 있다.

조언방향 양도시기는 원칙적으로 잔금의 실제청산일이다. 따라서 계약금과 중도금을 받고 잔금은 2년이 조금 넘은 시점에 받게 되면 양도시기가 취득일로부터 2년 이후가 되므로 40%의 단일세율을 적용받지 않을 수 있다.

이론정리 및 심화학습

⋮ 양도시기

양도에 있어서 원칙적인 양도시기는 실제잔금을 청산한 날이다. 따라서 매매계약서에 잔금지급일이 2년 이내로 되어 있는 경우에도 실제로 잔금을 2년 이후에 받게 되면 일반세율(6% ~ 45%) 적용을 받을 수 있다.

작은사례

최민호씨는 잔금은 2년이 넘은 후에 받으려고 하지만 구매자가 우선 등기를 넘겨달라고 하고 있다. 최민호씨는 잔금이 얼마 남지 않았기 때문에 등기를 넘겨주는 것을 고려하고 있다. 구매자는 혹시 자신을 믿지 못하겠으면 등기를 넘겨주면서 잔금부분에 대해서는 질권을 설정해도 좋다고 하고 있다.

→ 등기를 넘겨주면 안 된다. 왜냐하면 양도시기는 원칙적으로 잔금청산일이지만 잔금청산 전에 등기를 넘겨주는 경우에는 등기접수일이 양도시기가 되기 때문이다.

[양도시기의 요약]

구 분	양 도 시 기
1. 원 칙	실제로 잔금을 청산한 날
2. 대금청산 전 소유권이전등기를 한 경우	등기접수일
3. 대금청산일이 불분명한 경우	등기접수일
4. 장기할부조건의 경우	소유권이전등기일·인도일 또는 사용수익일 중 빠른 날

기준시가로 계산하는 경우

사례연구 최민호씨는 그러면 어떤 경우에 실거래가를 적용하지 않고 기준시가로 양도소득세를 계산하는지에 대해 문의하고 있다.

조언방향 부동산의 양도차익은 원칙적으로 실거래가액을 기준으로 계산하지만 예외적으로 증빙서류에 의해 실거래가액을 확인할 수 없는 경우에는 매매사례가액, 감정가액, 기준시가 등에 의해 양도차익을 계산한다.

이론정리 및 심화학습

1. 기준시가 등의 적용

(1) 증빙서류에 의해 실거래가액을 확인할 수 없는 경우에는 다음의 순서에 의해 양도가액을 산정한다.

① 매매사례가액
② 감정가액
③ 기준시가

(2) 이때 매매사례가액이란 양도일(취득일) 전후 각 3개월 이내에 해당 자산과 동일성 또는 유사성이 있는 자산의 매매사례가 있는 경우 그 가액을 말한다.

(3) 감정가액은 양도일(취득일) 전후 각 3개월 이내에 해당 자산에 대하여 둘 이상의 감정평가업자가 평가한 것으로 신빙성이 인정되는 감정가액의 평균액을 말한다.

2. 기준시가에 의한 양도소득세 계산

앞의 사례의 실거래가액으로 계산한 구조와 동일하다. 다만 제비용공제의 경우 기준시가로 양도소득세 계산할 때에는 실제로 들어간 제비용을 공제하지 않고 취득 당시 기준시가의 3%(미등기양도시 0.3%)를 공제한다는 차이가 있다. 독자들이 직접 계산해 보라!

상가양도와 부가가치세 (간이과세자)

사례연구 최민호씨는 만일 자신이 일반과세자가 아닌 간이과세자인 경우 동일한 상가를 2년 6개월 보유한 후 3억원에 양도(기준시가 : 토지 1억원, 건물 1억원)한다고 가정하면 부가가치세와 양도소득세는 어떻게 되는지 고연우씨에게 문의하고 있다.

조언방향 부동산임대업의 규모가 작은 간이과세자인 경우에는 상가를 양도할 때 부가가치세는 일반과세자와는 달리 건물분 양도가액에 대해 업종별 부가가치율을 곱한 금액의 10%를 부가가치세로 받아 납부해야 한다. 그리고 양도소득세를 살펴보면 간이과세자는 부가가치세법상 사업자를 구분하는 것이지만 소득세와는 상관이 없다. 따라서 상가 양도시 실거래가액에 의해 일반과세자와 동일한 방법으로 계산한다.

> 이론정리 및 심화학습

⁝ 간이과세자의 상가양도시 부가가치세

간이과세자인 경우에는 건물분 양도가액인 1억 5천만원(양도가액 3억원을 건물분과 토지분의 기준시가로 배분한 금액임)에 부동산임대업의 부가가치율인 40%를 곱한 금액의 10%인 600만원(= 1억 5천만원 × 40% × 10%)을 부가가치세로 납부하여야 한다.

| NOTE |

일반과세자등록을 하여 상가를 분양받을 때 부담한 부가가치세를 전액 환급받는 경우에는 나중에 양도할 때 부가가치세를 징수(포괄적 사업양도인 경우 제외)하여 납부해야 하고 부가가치세를 환급받지 못하는 간이과세자가 상가를 양도할 때에는 간이과세자로서 부가가치세를 징수해야 한다.

공동사업합산과세

사례연구 김종석씨는 아버님을 모시고 살고 있다. 그런데 김종석씨는 자신이 이번에 상가를 구입하여 부동산임대업을 하려고 하는데 자금이 모자라 아버님에게 빌려달라고 하였다. 그러자 아버님은 자신도 자금을 40% 투자할 테니 부동산임대업을 공동으로 하자고 제안하고 있다. 이렇게 부자간에 공동사업을 하는 경우 소득세계산이 어떻게 될까? 합산하여 과세하면 누진율이 적용되는 현 소득세법하에서는 세금이 많아질 것이어서 김종석씨는 개인별로 과세되면 좋겠다고 생각하고 있다.

조언방향 아버지와 아들이 공동사업을 하는 경우 각각의 소득에 대해 과세하는 것이 원칙이다. 그러나 아버지와 아들처럼 생계를 같이하는 동거가족인 특수관계인이 지분비율·손익분배비율을 허위로 하는 경우 등에는 공동사업하는 부동산임대업에 대해 합산과세하니 주의하여야 한다. 아래의 심화학습에서 정리해보자.

이론정리 및 심화학습

⋮ 공동사업합산과세

다음에 해당하는 특수관계인과 부동산임대업을 공동사업하는 경우에도 개인별로 과세하는 것이 원칙이나 지분·손익비율을 허위로 신고하는 등의 경우에는 한 사람의 소득으로 보아 합산과세한다.

① 배우자, 6촌 이내 혈족, 4촌 이내 인척
② 친생자로 다른 사람에게 입양된 자와 그 배우자·직계비속
③ 경제적 연관관계에 있는 자

그러나 위의 특수관계인인 경우에도 생계를 같이하는 동거가족인 경우에만 공동사업 합산과세대상이 된다.

> **작은사례**
>
> 그렇다면 부동산임대사업이 공동사업 합산과세대상이 되는 경우 누구의 소득으로 보아 과세하게 될까?
>
> ➜ 공동사업의 지분율이 높은 사람의 소득으로 보아 과세한다. 만일 지분율이 같은 경우에는 공동사업외의 종합소득이 많은 자의 소득에 합산과세한다.

부동산임대소득의 결손금

사례연구   오랫동안 부동산임대업을 해온 임대혁씨도 고연우씨가 근무하는 은행의 고객이다. 그런데 임대혁씨는 임대건물을 이번에 건물이 너무 낡아 대대적인 내부수리로 인해 수리비가 많이 발생하여 올해 1천만원의 결손이 발생하였다. 임대혁씨는 부동산임대업 외에도 대형음식점을 운영하고 있는데 부동산임대업에서 발생한 결손금을 자신의 음식업에서 발생한 사업소득에서 공제받을 수 있는지 고연우씨에게 문의하고 있다. 임대혁씨는 부동산임대소득이나 사업소득이나 둘 다 종합소득이므로 공제받을 수 있다고 생각하고 있다.

조언방향   공제받을 수 없다. 물론 부동산임대소득도 사업소득 중에 하나이지만 부동산임대소득에 대한 결손금은 다른 종합소득에서 공제할 수 없다. 다만 부동산임대업(주거용 건물 임대업 제외)에서 발생한 결손금은 이월하여 15년간 부동산임대업에서 발생한 소득에서만 공제할 수 있다.

이론정리 및 심화학습

▎결손금의 통산

종합소득에서 발생한 결손금은 원칙적으로 다른 종합소득에서 공제되는 것이 원칙이다. 따라서 사업소득에서 결손이 발생한 경우에는 다른 종합소득에서 공제된다. 그러나 부동산임대소득에서 발생한 결손금은 예외적으로 다른 종합소득(사업소득, 근로소득 등)에서 공제되지 않고 이월하여 15년간 부동산임대업에서 발생한 소득에서 공제할 수 있다.(주)

(주) 주거용 건물 임대업은 일반 사업소득으로 보아 결손금을 다른 종합소득에서 공제할 수 있다.

작은사례 1

그렇다면 사업소득에서 발생한 결손금은 근로소득에서 공제될 수 있는가?

➡ 물론이다. 사업소득에서 발생한 결손금은 모든 종합소득에서 공제될 수 있기 때문에 종합소득인 근로소득에서 공제될 수 있다.

작은사례 2

사업소득에서 발생한 결손금은 양도소득에서도 공제될 수 있을까?

→ 공제될 수 없다. 왜냐하면 양도소득은 종합소득이 아니기 때문이다. 앞에서 살펴본 것처럼 소득은 종합소득, 양도소득, 퇴직소득으로 구분되고 종합소득은 다시 이자, 배당, 사업, 근로소득 등으로 나누어진다.

다시 한번 표를 통해 복습해보자.

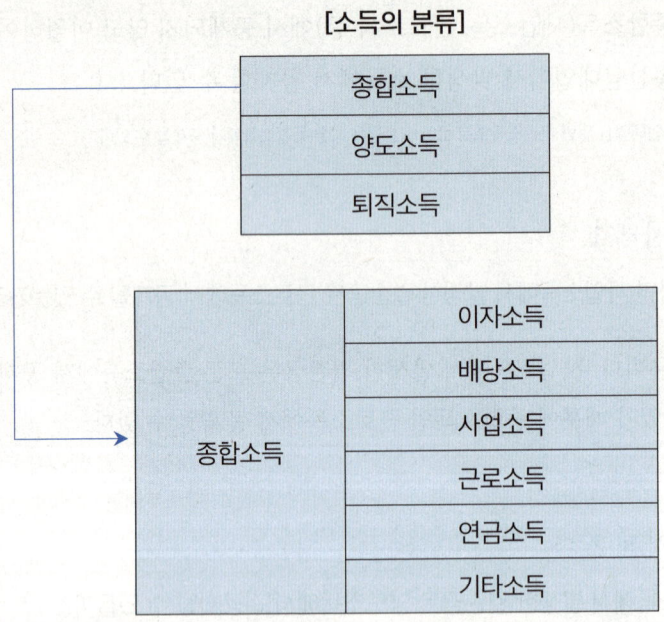

따라서 양도소득과 종합소득인 사업소득은 통산할 수 없다.

32 CASE 면세사업자가 상가를 분양받은 경우

지금까지 우리는 분양받은 상가를 타인에게 임대해주는 경우의 세금문제를 중심으로 알아보았다. 지금부터는 분양받은 상가를 타인에게 임대해주는 것이 아니라 자신의 사업을 위해 직접 사용하는 경우 부가가치세는 어떻게 되는지 사례를 통해 알아보자.

> **사례연구** 이번에 다니던 회사를 그만 두고 평소에 꿈꾸어왔던 아동관련 출판사를 하고자 하는 김판출씨는 개인출판사를 설립하고 사무실을 분양받으려고 하고 있다. 그래서 주상복합상가의 사무실 분양을 알아보니 1억원에 부가가치세 5백만원(건물에 대한 부가가치세임)이라고 한다.
>
> 김판출씨는 분양받은 사무실을 임대사업에 쓰지 않고 자신의 사업을 하는데 사용하는 경우에도 부가가치세가 환급이 되는지 궁금해하고 있다. 고등학교동창인 변호사 친구의 말에 의하면 자신도 사무실을 분양받아 변호사사무실로 쓰는데 부가가치세를 환급받았으니 걱정 말라는 것이다.
>
> **조언방향** 환급받을 수 없다. 출판업은 부가가치세법상 면세사업자이다. 면세사업자는 매출시 부가가치세를 징수·납부할 의무가

> 없다. 그러나 면세사업자도 매입시는 매입부가가치세를 부담한다. 그런데 이렇게 부담한 면세사업자의 매입부가가치세는 환급이나 공제가 되지 않는다. 친구인 변호사가 환급받은 것은 변호사가 부가가치세법상 면세사업자가 아니고 과세사업자(일반과세자)이기 때문이다.
>
> 상가를 분양받아 임대업에 사용하는 부동산임대업자의 경우 임대업이 과세사업자이기 때문에 부가가치세가 환급(일반과세자로 등록하는 경우)되는 것이다.

이론정리 및 심화학습

1. 면세사업자와 과세사업자

우선 사업자는 부가가치세법상 면세사업자와 과세사업자로 분류한다. 그리고 과세사업자를 사업규모에 따라 일반과세자와 간이과세자로 구분하는 것이다. 우리가 지금까지 앞에서 살펴본 임대사업자는 부가가치세법상 과세사업자이기 때문에 과세사업자로서 일반과세자와 간이과세자에 따른 세금의 차이를 알아본 것이다.

따라서 사업을 시작하는 사람은 자신이 면세사업자에 해당하는지 알아보는 것이 반드시 필요하다.

[부가가치세법상 사업자유형]

과 세 사 업 자	면 세 사 업 자	
^^	일 반 과 세 자	
^^	간 이 과 세 자	

2. 면세사업자

면세사업자는 매출부가가치세의 납부의무가 없다. 그러나 면세사업자라고 하더라도 매입시 매입부가가치세는 부담해야 한다. 그런데 이렇게 부담한 매입부가가치세는 공제 또는 환급이 되지 않는다.

따라서 사업을 개시할 때에는 우선 자신이 면세사업자인지 과세사업자인지를 잘 알아보아야 하고 과세사업자인 경우에는 일반과세자인지 간이과세자를 적용받을 수 있는 지에 대해 살펴보아야 한다.

출판업은 부가가치세법상 면세에 해당한다. 대표적인 면세로는 금융업, 의료업, 생활필수품의 공급 등이 있으며 면세의 종류는 뒤의 [요약 및 복습]에서 자세히 열거하고 있으니 참고하기 바란다.

임대료에 대한 부가가치세

그러면 지금부터는 입장을 바꿔 부동산을 분양받아 임대해주는 사람의 입장이 아닌 임대를 얻는 사람의 입장에서 부담하는 임대료에 대해 생각해보자.

사례연구 일반과세자(제조업)인 나일반씨와 면세사업자(출판업)인 유면세씨는 각각 상가를 임대하여 사업을 하려고 하고 있다. 그래서 임대상가를 알아본바 2층과 3층의 점포 2개가 임대매물로 나왔는데 둘 다 임대료는 월 1백만원이다.

그런데 2층상가의 주인(부동산임대업자로 일반과세자임)는 부가가치세 10만원이 별도라고 하고 있고 3층의 주인(부동산임대업자로 간이과세자임)은 부가가치세포함 105만원이라고 하고 있다. 이런 경우 어떤 것을 임대 얻는 것이 유리한가?

조언방향 사업자유형별로 유리한 것이 다르다. 아래의 심화학습에서 자세히 살펴보자.

이론정리 및 심화학습

(1) 일반과세자 나일반씨의 경우

일반과세자인 나일반씨가 2층상가(부가가치세 10만원 별도)를 임차하는 경우 부가가치세 10만원은 자신의 매출세액에서 공제받을 수 있다. 왜냐하면 일반과세자이기 때문이다. 따라서 실제 부담하는 임대료는 1백만원이다.

그러나 3층상가를 임차하는 경우에는 임대업자인 간이과세자에게 세금계산서를 발행받을 수 없으므로(주) 부가가치세를 공제받지 못한다. 그러므로 임대료로 105만원을 부담하는 것이다.

(주) 임대업 간이과세자 기준은 4,800만원 미만인데 4,800만원 미만인 간이과세자는 세금계산서를 발행할 수 없다.

따라서 일반과세자인 나일반씨는 2층의 임대업자에게 임차하는 것이 유리하다.

(2) 면세사업자 유면세씨

면세사업자인 유면세씨의 경우 매입세액이 있어도 공제받지 못하기 때문에 105만원에 3층을 임차하는 것이 유리하다. 2층을 임차하는 경우 어차피 매입부가세가 공제되지 않아 부담하는 임대료는 110만원이 되기 때문이다.

[임차인의 선택]

임차인	내 용
일반과세자	일반사업자인 부동산임대업자에게 임대한 경우가 유리
면세사업자	간이과세자인 부동산임대업자에게 임대한 경우가 유리

상가구입시 부담세금 (취득세 등)

사례연구 상가구입과 부가가치세 그리고 임대 제공시의 소득세와 양도시의 세금문제에 대해 충분히 학습한 최민호씨는 상가를 구입할 때 취득세 등을 법무사사무실에서 내라는 대로 냈다. 그런데 취득세 등은 정확히 얼마를 어떻게 내는 것인지 정리하고 싶어 고연우씨에게 문의하고 있다.

조언방향 상가를 취득하는 경우에는 취득세와 교육세 그리고 농어촌특별세를 부담해야 한다. 이에 따라, 취득세 4%, 지방교육세 0.4%, 그리고 농어촌특별세 0.2% 등 총 4.6%의 세금을 부담해야 한다.

이론정리 및 심화학습

1. 취득세 등의 과세표준

그런데 위와 같은 취득세 등의 세금을 부과하는 과세표준은 무엇으로 할까?

원칙적으로는 취득자의 실지거래가액으로 하는데 이러한 실지거래가액이 없거나 시가표준액에 미달하는 경우에는 시가표준액으로 한다. 이때 시가표준액이란 「부동산 가격공시 및 감정평가에 관한 법률」에 의하여 가격이 공시되는 개별공시지가(토지), 개별주택가격(주택)을 말한다.

2. 상가를 분양받는 경우

상가를 분양받은 경우에는 분양가격이 공식적으로 나타나기 때문에 취득세 등의 과세표준도 분양가액으로 한다.

NOTE
교육세의 과세표준은 [취득세 과세표준 × (취득세율 - 2%)]이고 교육세의 표준세율은 20%이다.

작은사례

그렇다면 이러한 취득세의 부담은 아파트의 경우에도 마찬가지일까? 예를 들어 새로 분양받은 아파트에 대해 취득세를 부담하는 경우와 기존에 아파트를 취득하는 경우의 취득세 부담은 달라질까?

➡ 아파트도 마찬가지이다. 만일 분양가액 3억원인 아파트를 취득하는 경우와 실거래가액이 3억원인 기존의 아파트를 구입하는 경우를 비교해보면 원칙적으로 취득세 부담은 차이가 없다. 왜냐하면 취득세도 실거래가액을 기준으로 하기 때문이다. 다만 주택거래의 경우 취득세율은 1%~3%(주)이다.

(주) 다주택자 및 법인의 주택취득은 중과됨

Quiz 정답

아파트를 분양받지 않고 기존의 아파트를 매입하는 경우에는 부가가치세가 과세되지 않는다. 왜냐하면 아파트를 양도하는 사람이 부가가치세법상 사업자가 아닌 일반 개인이기 때문이다. 부가가치세법에서는 재화나 용역 자체가 과세인지 면세인지를 구분하기 전에 우선 재화·용역을 공급하는 자가 사업자가 아니면 부가가치세과세대상이 아니라고 규정하고 있다.

상가와 세금

1. 상가분양과 부가가치세

상가분양시 토지분에 대해서는 부가가치세가 면세이나 건물분에 대해서는 부가가치세가 과세이므로 이를 부담해야 한다.

2. 아파트분양과 부가가치세

아파트의 경우에도 토지에 대해서는 면세이나 건물에 대해서는 과세가 원칙이다. 그러나 국민주택규모(아파트 실평수 85㎡) 이하의 아파트에 대해서는 건물분 부가가치세가 면세된다.

3. 일반과세자의 부가가치세 환급

분양받은 상가를 부동산임대업에 사용하고 일반과세자로 부가가치세법상 사업자등록을 하면 매입부가가치세를 환급받을 수 있다.

4. 부동산임대료와 세금

부동산임대료는 부가가치세법상 과세대상이다. 따라서 임대료에 대해 10%의 부가가치세를 납부해야 한다. 하지만 주택의 임대료는 부가가치세법상 면세대상이다.

5. 사업자등록

사업자등록은 사업을 개시한 후 20일 이내에 사업장마다 등록해야 한다. 그리고 사업을 개시하기 전이라도 등록할 수 있으며 사업자등록증은 원칙적으로 신청일로부터 2일 이내에 교부하여야 한다.

6. 부동산임대업과 간이과세자

① 전년도 공급대가가 4,800만원에 미달하고 부동산임대업으로 간이과세배제규정이 적용되지 않는 소규모임대사업자는 임대료(매출액)에 업종별 부가가치율(부동산임대업의 경우 40%)을 곱한 금액에 10%를 매출부가가치세액으로 한다.
② 간이과세자의 매입부가가치세도 전액 공제되는 것이 아니라 매입부가가치세액에 업종별 부가가치율을 곱한 금액을 공제한다. 그리고 이러한 매입부가가치세는 매출부가가치세를 한도로 공제는 되지만 환급은 되지 않는다.
③ 간이과세자는 세금계산서를 발행할 수 없다.
④ 간이과세자로서 당해 과세기간(1년)에 대한 공급대가가 4,800만원 미만인 경우에는 부가가치세 납세의무를 면제하고 있다.

7. 간주임대료

상가의 임대시 임대보증금만 받은 경우에도 보증금에 국세청장이 고시한 이자율을 곱한 금액에 대해 간주임대료라고 하여 부가가치세와 소득세가 과세된다. 주택의 임대보증금에 대해서도 일부주택임대에 대해 간주임대료를 계산한다.

8. 부동산임대소득과 소득세

부동산임대소득은 다른 종합소득과 합산하여 다음해 5월에 종합소득세 확정신고를 해야 한다. 종합소득세 신고는 장부기장에 의해 신고하는 것이 원칙이지만 기준경비율(또는 단순경비율)에 의해 신고할 수도 있다.

9. 부동산임대소득의 귀속시기

부동산임대소득의 귀속시기는 임대료를 실제로 받은 날이 아니라 계약에 의해 임대료를 받기로 한 날이다.

10. 임차인에게 전기료와 난방비등을 받는 경우

전기료·수도료 등의 공공요금을 받는 경우 임대수입금액에서 제외되지만 난방비·청소비등의 명목으로 받는 금액은 임대수입금액에 해당한다.

11. 상가양도와 부가가치세

일반과세자의 경우에는 상가양도시 건물양도가액의 10%를 부가가치세로 납부해야한다. 하지만 일반과세자의 상가양도가 포괄적 사업양도에 해당하는 경우에는 그렇지 않다. 그리고 간이과세자의 경우에는 건물양도가액에 업종별 부가가치율(40%)을 곱한 금액에 10%를 곱하여 계산한 금액을 부가가치세로 부담해야 한다.

12. 상가양도와 양도소득세

상가를 양도한 경우에는 원칙적으로 실거래가액에 의해 양도소득세를 계산한다. 그러나 증빙 등에 의해서도 실거래가액을 확인하지 못하는 경우에는 기준시가 등으로 양도소득세를 계산한다. 양도소득세율은 일반적인 경우 6%~45%이지만 1년 미만 보유한 경우에는 50%, 2년 미만 보유한 경우에는 40% 그리고 미등기양도의 경우에는 70%이다.

13. 양도시기와 취득시기

세법상 원칙적인 양도(취득)시기는 실제로 잔금을 청산한 날이다. 그러나 잔금청산 전에 등기이전을 한 경우에는 등기접수일을 양도(취득)시기로 본다.

14. 공동사업 합산과세

부동산임대업을 특수관계인과 공동사업할 경우 구분과세가 원칙이나 지분·손익비율 등을 허위로 신고하는 등의 경우에는 합산과세한다.

15. 부동산임대소득의 결손금

부동산임대(주거용 건물임대업 제외)에서 결손이 발생한 경우에는 다른 종합소득에서 공제할 수 없다. 다만 15년간 이월하여 부동산임대소득에서 공제받을 수 있다.

16. 면세사업자가 상가를 분양받은 경우

분양받은 상가를 임대주지 않고 본인이 직접 면세사업(예 : 병원, 출판사 등)에 사용하는 경우에는 매입시 부담한 매입부가가치세를 환급받을 수 없다. 본인이 직접 사용하는 경우에도 과세사업(예 : 변호사 등)에 사용하는 경우(일반과세자)에는 매입부가가치세가 환급된다.

17. 상가취득시 부담세금

상가취득시에는 부가가치세 외에 취득세 4%, 교육세 0.4%, 농어촌특별세 0.2% 등 총 4.6%의 세금을 부담해야 한다.

18. 면세의 종류

부가가치가 면세되는 것은 다음과 같다.

(1) 기초생활필수품·용역
① 미가공식료품 : 원생산물의 본래의 성질이 변하지 아니하는 정도의 1차 가공을 거쳐 식용에 공하는 것
② 국내생산 비식용 농·축·수·임산물로서 미가공된 것
③ 수돗물, 연탄과 무연탄, 여객운송 용역, 여성용 생리대
④ 주택과 이에 부수되는 임대용역(부수토지 범위를 초과하는 토지의 임대는 과세한다.)

(2) 국민후생용역
① 의료보건용역과 혈액
② 교육용역
③ 우표(수집용우표 제외)·인지·증권·복권과 공중전화
④ 제조담배로서 판매가격이 200원이하인 담배

(3) 문화관련 재화·용역
① 도서·신문·잡지·관보·통신 및 방송(광고 제외)
② 예술창작품(골동품 제외), 순수예술행사, 문화행사, 비직업운동경기
③ 도서관·과학관·박물관·미술관·동물원 또는 식물원에의 입장

(4) 부가가치 구성요소 재화·용역
① 토지의 공급
② 금융·보험용역
③ 저술가·작곡가등이 제공하는 인적용역

(5) 기 타
① 공익단체가 공급하는 재화·용역
② 국가 등이 공급하는 재화·용역
③ 국가, 지방자치단체, 공익단체에 무상으로 공급하는 재화·용역
④ 재화의 수입 중 세법이 정하는 것
⑤ 조세특례 제한법상 면세대상

02

상가건물임대차보호법

상가건물을 임차하는 경우 임차인은 임대보증금을 안정적으로 보호할 수 있는가 하는 것이 최대의 관심사가 될 것이다. 물론 전세권등기 등에 의해 보호받을 수 있지만 건물주가 이에 대해 동의하지 않는 것이 일반적이기 때문에 쉬운 일은 아니다. 이처럼 임차인의 임대보증금을 보호하기 위한 법이 상가건물임대차보호법이다. 김기수씨는 이번에 상가를 얻어 장사를 할 예정인데 임차보증금의 보호가 최대의 관심이다. 김기수씨를 통해 일정규모이하의 임대보증금을 보호해주는 상가건물임대차보호법에 대해 알아보자.

상가건물임대차보호법

사례연구 이번에 직장을 그만둔 김기수씨는 그동안 모은 돈으로 서울에서 상가를 임차하여 자영업을 할 예정이다. 그런데 김기수씨는 자신의 전 재산이나 다름없는 보증금을 날리지 않기 위한 방법으로 전세보증금에 대해 전세권설정등기를 상가주인에게 요구했지만 상가주인은 난색을 표하고 있다. 그러자 부동산중개소 사장은 상가건물임대차보호법에 의해 임대보증금은 우선적으로 반환받을 수 있으니 걱정하지 말라고 하고 있다. 과연 김기수씨는 법에 의해 보호를 받을 수 있을까?

조언방향 김기수씨는 상가건물임대차보호법에 의해 보호받을 수 있다. 심화학습에서 보호되는 부분에 대해 알아보자.

이론정리 및 심화학습

1. 상가건물임대차보호법

상가건물임대차보호법이란 상가건물의 임대차에 관해 민법에 대한 특례규정을 만들어 임차인을 보호하고자 하는 법을 말한다.

2. 임대보증금규모의 제한

그런데 우선 이 법에 의해 보호를 받으려면 상가건물의 임차보증금이 일정액이하이어야 한다는 점에 주의해야 한다. 주택임대차보호법에서는 주택의 임대보증금의 한도를 규정하고 있지 않지만 상가건물임대차보호법에 의해 보호를 받으려면 우선 보증금의 규모가 법에서 규정한 금액을 초과하면 안 된다.

구 분	임차보증금규모
서울특별시	9억원
수도권과밀억제권역(서울 제외), 부산광역시	6억 9천만원
광역시(군지역과 부산광역시 제외), 세종시, 파주시, 화성시, 안산시, 김포시, 용인시, 광주시	5억 4천만원
그 외지역	3억 7천만원

그러나 위의 임대보증금규모를 초과하여도 대항력(임차인이 사업자등록을 신청하면 제 3자에 대해 효력이 발생)과 권리금 규정에 대해서는 이 법의 보호를 받을 수 있다.

작은사례

만일 위의 임차보증금을 초과하여 임대차보호법상의 보호를 받지 못하는 경우 임차보증금을 지킬 수 있는 다른 방법은 무엇이 있을까?

➜ 안전한 방법으로는 전세권설정등기 또는 임차권을 등기하는 것이 좋다. 이렇게 하면 전세권설정등기 후 발생하는 채무관계에 있어 우선권이 있기 때문이다. 그러나 일반적으로 상가주인이 이렇게 전세권설정등기 하는 것에 대해 흔쾌히 동의하지 않기 때문에 현실적으로 쉽지 않은 방법이다.

NOTE
상가건물임대차보호법은 전세권설정등기를 하지 않은 경우에도 일정한 요건을 갖추면 제3자에 대해 효력이 있어 임차인을 보호하는데 의의가 있다.

임대차보호법과 사업자등록

사례연구 이러한 조언에 김기수씨는 자신이 상가를 임차하게 되면 어느 시점부터 임대차보호법에 의해 보호를 받을 수 있는지와 보호를 받으려면 어떻게 해야 하는지에 대해 궁금해 하고 있다.

조언방향 상가의 임대차계약을 맺고 우선적으로 건물에 입주한 후 세법에 의해 사업자등록을 신청하면 그 다음 날부터 제3자에 대해 효력이 생긴다. 따라서 김기수씨는 상가에 입주한 후 지체 없이 세무서에 사업자등록을 신청하여 임대차계약서상에 확정일자를 받아 두어야 한다.

이론정리 및 심화학습

1. 세법에 의한 사업자등록

사업자는 사업을 개시한 날로부터 20일 이내에 해당세무서에 사업자등록을 신청해야 한다. 이때 임대차계약서 사본을 제출하여야 하는데 만일 임대차보호법상의 상가건물을 임차한 경우에는 해당부분의 도면(상가건물의 일부분을 임차하는 경우)을 제출해야 한다. 그리고 세무서로부터 임대차계약서상에 확정일자를 받아야 한다.

작은사례 1

만일 상가입주는 6월 9일, 사업자등록신청은 6월 15일에 한 경우에는 언제부터 대항력이 생길까?

→ 두 가지 요건이 모두 갖추어진 사업자등록신청 다음 날인 6월 16일부터 대항력이 있다.

작은사례 2

만일 위의 작은사례 1에서 6월 15일에 상가건물에 은행의 근저당이 설정된 경우에는 어느 것이 우선순위일까?

→ 근저당이 우선순위가 된다. 그 이유는 근저당의 경우에는 설정과 동시에 등기의 효력이 발생하기 때문이다.

CASE 3 최우선변제대상 임대보증금

사례연구 이러한 조언에 김기수씨는 임대보증금 5천만원에 작은 상가를 계약하고 입주한 후 세무서에 사업자등록신청을 하면서 임대차계약서에 확정일자를 받았다. 그런데 김기수씨는 자신처럼 소액의 임대보증금에 대해서는 다른 모든 채권에 대해 최우선적으로 보장해주는 것이 없는지 궁금해하고 있다.

조언방향 상가건물임대차보호법에는 임대보증금에 대해 사업자등록 후 발생한 다른 채권에 대해 우선권을 주는 것 이외에도 소액보증금에 대해서 다른 채권의 우선순위와 관계없이 최우선적으로 변제해주는 규정이 있다. 김기수씨는 여기에 해당된다. 아래의 심화학습에서 살펴보자.

이론정리 및 심화학습

⁝ 우선변제권

상가건물의 임대보증금 중 소액보증금에 대해서는 다른 모든 채권에 우선하여 변제받을 수 있도록 하여 보호해주고 있다.

상가건물임대차보호법 시행령 6조와 7조에서 우선변제받을 수 있는 보증금의 범위를 규정하고 있는데 우선 변제받을 수 있는 소액임차보증금범위는 다음과 같다.

[최우선변제 대상 소액보증금 범위]

구 분	임차보증금규모	우선변제대상금액(주)
서울특별시	6,500만원	2,200만원
수도권과밀억제권역(서울 제외)	5,500만원	1,900만원
광역시(군지역 제외), 안산시, 용인시, 김포시, 광주시	3,800만원	1,300만원
그 외지역	3,000만원	1,000만원

(주) 우선변제보증금은 당해 상가건물가액의 1/2을 한도로 한다.

이에 따르면 서울에서 보증금이 6,500만원 이하인 경우에는 2,200만원을 다른 채권에 불문하고 우선변제받을 수 있다. 물론 이러한 우선변제권은 상대채무가 국세나 지방세 체납인 경우에도 우선한다.

따라서 김기수씨는 임대보증금이 5,000만원이기 때문에 최우선변제대상이 된다.

권리금과 임대차기간

사례연구 김기수씨는 상가를 계약할 때 임대보증금 5천만원 이외에 기존 세입자의 요구에 따라 권리금과 시설비를 합하여 2천만원을 지급하였다. 김기수씨는 이러한 권리금이나 시설비를 자신이 인수한 경우 임대차보호법상에 보호를 받을 수 있는지 궁금해하고 있다.

조언방향 권리금은 2015년 5월 13일 개정된 상가건물임대차보호법에 의해 보호되고 있다. 그리고 임대차보호법에서는 임대차를 10년간 존속할 수 있도록 하고 있다.

이론정리 및 심화학습

1. 임대차기간

임대차기간의 정함이 없거나 1년 미만으로 정한 임대차는 1년으로 본다. 그러나 임차인은 1년 미만으로 정한 기간의 유효함을 주장할 수 있다. 그리고 임대차가 종료한 경우에도 임차인이 보증금을 반환받을 때까지는 임대차관계가 존속하는 것으로 본다.

2. 계약갱신요구

임차인은 10년을 넘지 않는 범위 내에서 임대차기간 만료 전 6월부터 1월 사이에 계약갱신을 요구할 수 있으며 임대인은 정당한 사유 없이 거절할 수 없다.

3. 권리금

(1) 임대인은 임대차기간이 끝나기 6개월 전부터 종료시까지 임차인이 주선한 신규임차인이 지급하려는 권리금지급을 방해해서는 안된다.
(2) 권리금지급을 방해하면 그 손해를 배상할 책임이 있다.
(3) 손해배상청구권리는 임대차기간 종료 후 3년 이내에 행사하여야 한다.

5 CASE 임대보증금의 월세전환

사례연구 　김기수씨는 드디어 장사를 시작하여 열심히 일을 하였다. 그리고 장사가 너무 잘되어 돈 버는 재미에 어느덧 1년간의 계약기간이 종료되었다. 이에 김기수씨가 재계약을 요구하자 주인은 재계약하는 것은 좋은데 전세를 월세로 전환할 것을 요구하고 있다. 즉 보증금 1천만원에 월세 1백만원으로 하자는 것이다. 당황한 김기수씨는 월세 1백만원이면 년간 1천 2백만원인데 말도 되지 않는다며 강력히 반발하고 있다. 김기수씨는 전세보증금을 월세로 전환하는 경우 어떤 제한이 없는지 거래은행의 PB인 고연우씨에게 문의하고 있다.

조언방향 　전세를 월세로 전환하는 경우 상가건물임대차보호법에서는 그 전환되는 금액에 연 12%와 한국은행 기준금리의 4.5배 중 낮은 비율을 곱한 금액을 초과하는 월세금액을 요구할 수 없다. 따라서 월세로 전환되는 보증금인 4천만원(5천만원 - 1천만원)의 6.75%(한국은행 기준금리가 1.5%라고 가정할 경우 1.5%의 4.5배인 6.75%가 적용됨)인 연 270만원을 초과하는 월세를 요구할 수 없다.

6 CASE 임대료의 인상

사례연구 이런 상가건물임대차보호법상의 규정에 따라 상가주인은 할 수 없이 김기수씨와 보증금 1,000만원에 월세 20만원으로 1년간 재계약하였다. 그리고 다시 1년이 지나자 상가주인은 재계약하려면 월세를 인상하겠다고 하고 있다. 과연 얼마나 인상할 수 있을까?

조언방향 임대료의 인상은 년 5%를 초과할 수 없다. 따라서 월세는 1만원까지만 인상이 가능하다. 보증금의 경우도 보증금액의 5%를 초과할 수 없다.

또한 인상 후 1년 이내에는 다시 인상할 수 없다. 하지만 감액의 경우에는 제한이 없다.

7 CASE 임차권등기명령

사례연구 김기수씨의 친구인 나대발씨는 임대보증금 1억원에 상가건물을 전세를 얻어 개인사업을 하다가 이번에 임차계약기간이 종료되자 그동안 번 돈으로 새로 지은 복합상가를 분양받아 그곳으로 옮기기 위해 보증금의 반환을 요구하고 있다. 그러나 주인은 현재 돈이 없다며 상가에 다른 세입자가 들어와야지만 보증금을 반환할 수 있다고 버티고 있다. 나대발씨는 임대계약서에 사업자등록증 신청시 세무서장으로부터 확정일자를 받아놓았고 그 후에 은행의 저당권이 설정된 상태이기 때문에 보증금을 반환 받는 것은 문제가 없다고 생각하고 있다. 그래서 우선 새로운 임대사업장으로 이사를 가려고 하는데 주위사람들로부터 이사를 가면 보증금을 받지 못하게 될 수도 있다는 얘기를 듣고 어떻게 해야 하는지 우왕좌왕하고 있다.

조언방향 이사 가면 위험하다. 즉 임대차보호법상의 대항력은 입주상태를 유지해야만 저당권에 우선한다. 만일 다른 곳으로 이전했다가 돌아온 경우에도 저당권에 우선하지 못한다.
그래서 나대발씨의 경우에는 반드시 임차권등기명령절차에 의해 임차권등기를 한 후에 자신이 분양받은 복합상가로 이사해야 전세보증금을 안전하게 지킬 수 있다.

이론정리 및 심화학습

1. 임차권등기명령
임차권등기명령절차는 위의 사례와 같은 경우처럼 임대차기간 종료 후 보증금을 반환받지 못한 임차인에게 단독으로 임차권등기를 할 수 있게 해주는 제도를 말한다. 이러한 임차권등기명령에 의해 임차인은 자신의 임대보증금을 안전하게 지키고 새로운 사업장으로 자유롭게 이전할 수 있게 된다.

2. 임차권등기절차
임차인이 법원(지방법원, 지방법원지원, 시·군 법원)에 임차권등기명령 신청을 하면 이유가 타당한 경우에는 임차권등기명령을 발령한다. 그러면 등기소에 이를 등기하면 된다.

3. 임차권 등기명령의 효력
이러한 절차를 거쳐 임차권등기가 경료된 후에는 임차인은 상가의 점유 등의 요건을 상실하더라도 이미 취득한 대항력과 우선변제권이 유지되어 보증금을 안전하게 지킬 수 있다.

NOTE

상가임차시 반드시 「상가건물임대차보호법」상의 규정들을 잘 숙지하여 임대료, 임차기간, 임차보증금의 보호 등 임차인으로서의 권리를 침해당하는 불이익을 받지 않도록 유의해야 한다.

요약과 복습

상가건물임대차보호법

1. 상가건물임대차보호법

상가건물임대차보호법이란 상가건물의 임대차에 관해 민법에 대한 특례규정을 만들어 전세권설정등기를 하지 않더라도 임차인의 보증금을 보호하고자 하는 법을 말한다.

2. 보호되는 임대보증금의 범위

상가건물임대차보호법에 의해 보호를 받으려면 상가건물의 임차보증금이 일정액이하여야 한다. 주택임대차보호법에서는 주택의 임대보증금의 한도를 규정하고 있지 않지만 상가건물의 임대보증금은 다음의 금액을 초과하면 보호대상이 되지 않는다.

구 분	임차보증금규모
서울특별시	9억원
수도권과밀억제권역(서울 제외), 부산광역시	6억 9천만원
광역시(군지역과 부산광역시 제외), 세종시, 파주시, 화성시, 안산시, 김포시, 용인시, 광주시	5억 4천만원
그 외지역	3억 7천만원

3. 임대보증금을 보호받기 위한 조건

상가건물임대차보호법에 의해 임대보증금을 보호받으려면 임대차계약을 맺고 그 건물에 입주한 후 세무서에 사업자등록을 신청할 때 임대차계약서상에 확정일자를 받아야 한다. 그러면 그 이후에 발생하는 채권에 우선하여 보호된다.

4. 최우선변제대상 임대보증금의 범위

상가의 임대보증금 중에서 소액보증금은 다른 채권에 관계없이 최우선적으로 변제된다. 이렇게 최우선변제대상인 임대보증금의 범위는 다음과 같다.

구 분	임차보증금규모	우선변제대상금액(주)
서울특별시	6,500만원	2,200만원
수도권과밀억제권역(서울 제외)	5,500만원	1,900만원
광역시(군지역 제외), 안산시, 용인시, 김포시, 광주시	3,800만원	1,300만원
그 외지역	3,000만원	1,000만원

(주) 우선변제보증금은 당해 상가건물가액의 1/2을 한도로 한다.

5. 임대차기간

임대차기간은 1년을 원칙으로 한다. 따라서 임대차기간의 정함이 없거나 1년 미만으로 정한 임대차 계약은 1년으로 본다. 그러나 임차인은 1년 미만으로 정한 기간의 유효함을 주장할 수 있다.

6. 권리금

권리금은 상가건물임대차보호법에 의해 보호된다. 임대인이 권리금지급을 방해하면 그 손해를 배상할 책임이 있다. 그리고 임대차보호법에서는 임대차기간을 10년간 존속할 수 있도록 하고 있다.

7. 계약갱신 요구

임차인은 10년을 넘지 않는 범위 내에서 임대차기간 만료 전 6월부터 1월 사이에 계약갱신을 요구할 수 있으며 임대인은 이를 정당한 사유 없이 거절할 수 없다.

8. 임대보증금의 월세전환

임대보증금을 전세에서 월세로 전환하는 경우에는 그 전환하는 금액에 연 12%와 한국은행 기준금리의 4.5배 중 낮은 비율을 곱한 금액을 초과하는 월세금액을 요구할 수 없다.

9. 임대료의 인상제한

임대료의 인상은 년 5%를 초과할 수 없다. 보증금의 경우도 5% 이상을 인상할 수 없다. 또한 이러한 인상 후 1년 이내에는 다시 인상할 수 없으나 감액의 경우에는 제한 없다.

10. 임차권등기명령

임차권등기명령은 임대차기간이 종료된 후 보증금을 받지 못한 임차인에게 단독으로 임차권등기를 할 수 있게 해주는 제도를 말한다. 이러한 임차권등기명령에 의해 임차인은 자신의 보증금을 안전하게 지키고 자유롭게 이전할 수 있게 된다.

03

오피스텔과 세금

오피스텔은 사용용도에 따라 주택과 사무실이라는 양면성을 갖고 있다. 따라서 오피스텔은 1세대 1주택 비과세규정에 직접적인 영향을 미칠 수 있기 때문에 매우 주의하여야 한다. 김동수씨는 여윳돈으로 오피스텔을 구입하여 임대소득을 올리려 하고 있으며 그의 친구인 이남수씨는 거주용으로 사용하려 하고 있다. 이들 두 친구의 경우를 통해 오피스텔에 대한 세금을 알아보자.

오피스텔구입과 부가가치세

사례연구 김동수씨는 평소에 검약한 사람으로 그동안 직장생활을 하면서 열심히 돈을 모아 이미 신도시에 아파트를 한 채 가지고 있다. 그리고 김동수씨의 아내인 이연숙씨는 남편보다 더 절약하는 사람으로 결혼생활동안 생활비를 절약하여 모은 돈이 무려 1억원이다. 이들 부부는 1억원을 어떻게 할까 고민 하다가 오피스텔을 구입하여 월세로 임대를 주기로 했다.

김동수씨의 고등학교 동창인 이남수씨는 방송국PD로 자유분방한 사람이다. 그는 결혼도 하지 않은 독신주의자로 아직 집을 갖고 있지 않다. 그는 이번에 전세 살던 아파트가 만기가 되자 이 전세금으로 차라리 오피스텔을 분양받아 자신이 직접 입주하여 거주용으로 사용할 예정이다. 이들 두 친구가 건설회사에서 분양하는 오피스텔을 알아보니 분양가가 1억원에 부가가치세 5백만원이 별도라고 한다. 이런 경우 임대를 주려는 김동수씨와 자신이 직접 거주용으로 사용하려는 이남수씨 모두 구입시 부가가치세를 부담해야하는지 거래은행의 고연우 PB에게 문의하고 있다.

조언방향 1장의 상가와 세금에도 살펴보았지만 구입하는

> 자(김동수, 이남수)의 사용용도와는 관계없이 오피스텔을 공급하는 공급자(건설회사)가 사업자이므로 부가가치세를 부담해야 한다. 그러나 이렇게 부담한 부가가치세를 나중에 환급받을 수 있는지 없는지는 구입자(김동수, 이남수)의 사용용도에 따라 달라진다.

이론정리 및 심화학습

1. 김동수씨의 경우

오피스텔 구입시 부가가치세 5백만원을 부담해야 한다. 그리고 김동수씨가 이 오피스텔을 임대사업에 사용하고 임대사업자로 등록한 경우에는 매입부가가치세를 환급 받을 수도 있다. 1장에서 살펴본 것처럼 임대사업을 일반과세자로 등록한 경우에는 전액을 환급받을 수 있으며 간이과세자인 경우에는 매출세액을 한도로 공제받을 수 있다.

그리고 오피스텔의 임대사업에서 발생한 임대료수입에 대해서 부가가치세 납세의무가 있다. 하지만 간이과세자로 당해 과세기간의 공급대가가 4,800만원미만인 경우 부가가치세를 면제받을 수 있다.

NOTE

오피스텔을 취득하여 임대사업에 사용하는 경우에는 상가를 임대주는 경우와 동일하다. 따라서 제 1장에서 살펴보았던 상가와 세금을 숙지하기 바란다.

2. 이남수씨의 경우

이남수씨도 오피스텔 구입시 건물분에 대한 부가가치세 5백만원을 부담해야한다. 그런데 이남수씨처럼 오피스텔을 임대사업에 사용하지 않고 개인의 거주용으로 사용하는 경우에는 사업자가 아니므로 부담한 부가가치세를 환급받을 수 없다.

오피스텔을 주택으로 사용한 경우

사례연구 방송국PD 이남수씨는 오피스텔을 구입하여 거주용으로 사용한 경우에는 매입부가가치세가 환급되지 않는다는 말에 다소 당황하고 있다. 이남수씨는 그러면 자신이 오피스텔을 구입하여 2년 이상 거주한 후 팔게 되면 오피스텔을 주택으로 보아 1세대 1주택 비과세 규정을 적용받을 수 있을지 궁금해졌다. 그리고 양도시 부가가치세는 어떻게 되는지에 대해서도 고연우씨에게 추가적으로 문의하고 있다.

조언방향 오피스텔이 일반상가와 다른 점은 오피스텔을 주택으로 사용하였으면 주택으로 보아 1세대 1주택규정을 적용한다는 점이다. 오피스텔의 경우에는 상가로 사용하였으면 상가로 보지만 주택으로 사용한 것이 입증되는 경우에는 주택으로 보아 비과세규정을 적용받을 수 있다. 그리고 거주용으로 사용하던 주택을 양도하는 것은 부가가치세 과세대상이 아니다.

이론정리 및 심화학습

1. 오피스텔을 주택으로 사용한 경우
오피스텔은 원래 주거용으로 사용할 수도 있고 사무실로도 사용할 수 있게 건축된 것이다. 세법에서도 오피스텔을 사무실로 사용 또는 임대해준 경우에는 상가의 경우와 동일하게 적용하고 주거용으로 사용한 경우에는 주택으로 보아 세법을 적용한다.

따라서 오피스텔은 주거용으로 사용하는 경우에는 주택으로 보아 세법을 적용하기 때문에 각별히 주의해야 한다.

2. 양도시 부가가치세
사무실로 임대 주던 오피스텔을 양도하는 경우 상가로 보기 때문에 양도시 부가가치세를 부담(사업양도로 보는 경우 제외)해야 한다. 왜냐하면 부동산임대업은 부가가치세법상 과세사업자이기 때문이다.

그러나 주택으로 보는 오피스텔을 양도하는 경우에는 부가가치세를 과세하지 않는다. 왜냐하면 주택을 사업적으로 양도하는 것이 아니기 때문이다. 이는 우리가 일반적으로 주택을 양도할 때 부가가치세를 부담하지 않는 것을 생각해 보면 쉽게 이해할 수 있다.

오피스텔양도를 부동산매매업으로 보는 경우

그러나 만일 오피스텔을 수시로 다량을 사고 팔아 세무서로부터 이러한 행위가 사업적으로 하는 것이라고 인정되는 경우에는 부가가치세가 과세될 수 있다. 즉 오피스텔을 파는 행위가 사업적이라고 판단되는 경우에는 부동산매매업으로 보아 부가가치세를 과세한다. 부동산매매업으로 보는 경우에는 양도시에도 양도소득세가 과세되는 것이 아니라 사업소득세가 과세된다.

오피스텔을 본인사업에 사용하는 경우

사례연구 김동수씨는 오피스텔을 구입하여 임대용으로 사용할 계획이지만 경우에 따라서는 본인이 직접 사용하는 것도 고려해보고 있다. 그동안 다니던 직장을 퇴직하고 이 오피스텔을 자신의 개인사업을 위한 사무실로 사용하는 것이다. 김동수는 현재 회사에서 자신이 담당하고 있는 일인 건축설계나 출판업종을 고려하고 있다. 김동수는 이렇게 자신이 직접 사무실로 쓰는 경우에도 매입시 부담한 부가가치세 5백만원이 환급되는 지에 대해 문의하고 있다.

조언방향 자신이 직접 사용하는 경우에는 자신이 하고자 하는 업종이 무엇인가에 의해 부가가치세 환급여부가 결정된다. 즉 출판사처럼 부가가치세가 면세인 업종을 하는 경우에는 매입부가가치세가 환급이 되지 않는다. 그리고 과세업종인 건축설계업무의 경우 일반과세자이면 매입부가가치세가 환급되지만 간이과세자이면 매입부가가치세가 매출부가가치세를 한도로 공제만 되고 초과분은 환급되지 않는다. 이에 대한 사항은 제1장 『상가와 세금편』에 자세히 설명했으니 참고하기 바란다.

오피스텔을 주택으로 사용한 경우의 불이익

사례연구 이미 집을 가진 김동수씨가 오피스텔을 임대주지 않고 만일 자신이 주거용으로 사용하다가 오피스텔을 파는 경우에는 어떻게 될까? 그리고 주거용으로 사용하던 오피스텔을 팔기 전에 자신의 주택을 파는 경우에는 어떻게 될 것인가?

조언방향 매우 주의해야한다. 오피스텔을 주거용으로 사용하면 주택으로 보기 때문에 김동수씨는 1세대 2주택이 되어 오피스텔을 양도하는 경우는 물론이고 주택을 먼저 양도하는 경우에도 1세대 1주택으로 보지 않기 때문에 비과세혜택을 받을 수 없다.

이론정리 및 심화학습

오피스텔을 주거용으로 사용하면 이를 주택으로 보기 때문에 주의해야 한다.

작은사례

그렇다면 이런 경우(오피스텔을 주거용으로 사용한 경우)에는 오피스텔과 아파트 중에서 어느 것을 먼저 양도하는 것이 세부담 측면에서 유리할까?

➜ 어차피 과세될 것이면 양도차익이 적은 것을 먼저 양도하는 것이 유리하다. 왜냐하면 나중에 양도하는 것은 그것을 2년 보유했다면 1세대 1주택으로 비과세혜택을 받을 수 있기 때문에 양도차익이 많은 것을 나중에 양도하는 것이 절세측면에서 반드시 필요하다.

따라서 일반적으로 당연히 오피스텔을 먼저 양도한 후 주택을 양도하여 주택에 대해서는 비과세혜택을 받는 것이 유리하다.

오피스텔을 주거용으로 임대하는 경우

사례연구 김동수씨는 1억원(부가가치세 5백만원 별도)인 오피스텔을 구입한 후 사무실로 임대하려고 부동산중개소에 내놓았는데 사업자가 아니고 독신자가 월세로 임대하기를 원한다는 연락이 왔다. 김동수씨는 주거용으로 임대하면 어떻게 될까 궁금해하고 있다. 이런 경우에도 주택으로 보아 1세대 2주택이 되는지와 월세로 받은 임대료에 대해 부가가치세가 과세되는지 고연우PB에게 문의하고 있다.

조언방향 우선 오피스텔을 주거용으로 임대하는 경우에는 주택의 임대로 보는데 상가의 임대료는 부가가치세 과세대상이지만 주택의 임대는 부가가치세법상 면세이다. 따라서 부가가치세에 대한 부담은 없다.

그러나 이 경우 자신의 기존 보유주택을 먼저 양도하는 경우에는 1세대 2주택으로 보아 비과세규정을 적용받지 못한다. 왜냐하면 오피스텔을 자신이 거주용으로 사용하든 주거용으로 임대하든 주택으로 보는 것은 동일하기 때문이다.

이론정리 및 심화학습

1. 주택의 임대와 부가가치세

매입시 부담한 오피스텔의 건물분 매입부가가치세는 오피스텔을 부가가치세 과세사업에 사용하는 경우에 환급된다. 하지만 오피스텔을 면세사업에 사용하는 경우에는 환급되지 아니한다. 같은 임대사업이라고 하더라도 주택의 임대용역은 부가가치세법상 면세사업이다. 따라서 주택임대시 매입부가가치세는 환급되지 아니한다.

그리고 주거용으로 임대해주던 오피스텔의 양도시에도 당연히 부가가치세를 부담할 필요가 없다. 왜냐하면 면세사업자는 매출부가가치세에 대한 의무가 없는 사업자를 말하기 때문이다.

2. 양도소득세

주거용으로 임대하던 오피스텔의 양도시 부가가치세의 납세의무는 없지만 양도소득세의 납세의무는 있다. 그런데 이때 주의해야할 사항은 오피스텔 양도시 주택의 양도로 본다라는 사실이다.

> **NOTE**
> 따라서 기존 주택이 있는 사람은 오피스텔을 주거용으로 임대하는 것은 피하는 것이 유리하다.

오피스텔을 개인에게 구입하는 경우

사례연구 김민우씨는 이번에 직장을 그만두고 개인사업을 하려고 한다. 그래서 오피스텔을 알아보니 강남구 수서동의 오피스텔(20층 건물)이 2개 나와 있는데 15층의 오피스텔은 자신의 주거용으로 사용하던 것이고, 20층의 오피스텔은 주인 서영석씨가 임대사업(일반과세자)에 사용하던 것이다. 그리고 매매가는 둘 다 1억원(서영석씨의 물건은 건물분에 대한 부가가치세 5백만원이 포함)이다. 이런 경우 김민우씨는 어느 오피스텔을 구입하는 것이 세금상 유리할까? 김민우씨는 오피스텔의 총매매가액이 둘다 1억원이므로 차이가 없다고 생각하고 있다.

조언방향 그것은 김민우씨가 어떤 사업을 할 것인가에 따라 달라진다. 아래의 심화학습에서 자세히 살펴보자.

이론정리 및 심화학습

1. 김민우씨가 일반과세자인 경우

일반과세자는 매입부가가치세가 환급되기 때문에 서영석씨(일반과세자)

의 오피스텔을 구입하여 매입부가가치세 5백만원을 공제받는 것이 유리하다. 그런데 유의할 점은 김민우씨가 나중에 오피스텔을 양도하는 경우 부가가치세 납세의무가 있다는 점이다.

2. 김민우씨가 면세사업자인 경우

면세사업자는 어차피 매입부가가치세액을 공제받지 못하므로 둘 중에 어떤 오피스텔을 구입하더라도 상관없다. 그리고 나중에 오피스텔양도시에도 면세사업에 사용하였으므로 매출부가가치세에 대한 의무가 없다.

3. 김민우씨가 간이과세자인 경우

간이과세자인 경우에도 서영석씨에게 오피스텔을 구입하는 것이 유리하다. 왜냐하면 간이과세자의 경우 매입부가가치세의 일부를 공제(매입세금계산서 세액공제)받을 수 있기 때문이다.

NOTE 1

오피스텔을 임대할 때 사업자가 아닌 거주자에게 거주목적으로 임대해주는 경우에는 주택임대용역으로 보아 부가가치세법상 면세라는 점에 주의하고, 또한 오피스텔을 주택으로 사용·임대해준 경우에는 오피스텔을 주택으로 보아 1세대 1주택 비과세규정에 영향을 미친다는 점도 반드시 유의하여야 한다.

NOTE 2

오피스텔을 임대사업에 사용하는 경우의 소득세와 오피스텔 양도시의 세금은 [1장 상가와 세금]과 동일하니 숙독하기 바란다.

오피스텔과 세금

1. 오피스텔과 부가가치세

오피스텔을 구입하는 경우에도 건물분에 대한 부가가치세를 부담해야 한다. 그리고 이렇게 부담한 매입부가가치세는 오피스텔을 사무실로 임대주고 일반과세자로 사업자등록을 한 경우에 환급된다. 그러나 간이과세자로 등록한 경우에는 매출부가가치세를 한도로 공제는 되지만 환급되지는 않는다.

2. 오피스텔을 주거용으로 사용한 경우

오피스텔을 주거용으로 사용한 경우에는 주택으로 보아 세법을 적용한다. 따라서 기존에 주택을 가지고 있는 경우에는 1세대 2주택이 되어 양도소득세 비과세혜택을 받을 수 없게 되므로 각별히 주의하여야 한다.

3. 오피스텔을 본인이 직접 사용한 경우

오피스텔을 구입하여 임대주지 않고 본인이 직접 사용한 경우에는 그 사용용도에 따라 매입부가가치세의 환급이 결정된다.

(1) 과세사업에 사용한 경우

과세사업에 대해 일반과세자로 사업자등록을 한 경우에는 매입부가가치세를 전액 환급받을 수 있다. 그러나 간이과세자인 경우에는 매입부가가치세액이 전부 환급되는 것이 아니라 매출부가가치세를 한도로 공제될 뿐이다.

(2) 면세사업에 사용한 경우

면세사업자는 부가가치세법상 사업자가 아니다. 따라서 구입시 부담한 부가가치세는 당연히 환급대상이 아니다.

(3) 주거용으로 사용한 경우

오피스텔을 주거용으로 사용한 경우 오피스텔을 주택으로 보며 또한 부가가치세법상 사업에 공하는 것이 아니기 때문에 매입부가가치세는 역시 환급대상이 아니다.

4. 오피스텔을 양도하는 경우

오피스텔을 양도하는 경우 일반과세자는 건물분에 대한 부가가치세를 부담해야 한다. 그러나 주거용으로 사용한 오피스텔을 양도하는 경우에는 부가가치세의 납세의무가 없다.

04

주택과 세금

주택과 관련된 세금에 대해 알아보자. 주택은 우선 1세대 1주택 비과세규정이 가장 중요한 사항이다. 특히 일시적인 1세대 2주택의 경우에도 1세대로 보아 비과세되는 규정들에 대해 자세히 살펴보자. 이 장에서는 다양한 상황에 처해 있는 여러 사람들이 등장하여 여러분들에게 주택과 관련된 세금지식을 알려줄 것이다. 이들을 따라가 보자!

1세대란?

> **사례연구**   올해 나이 28살인 김백수씨는 대학졸업 후 2년째 직장을 구하지 못하고 있다. 반면 자신의 여동생인 김연수양(24세)은 전문대학을 나와 벌써 직장생활이 2년째이다. 그런데 집이 부유한 김백수씨는 자신과 같은 사람도 세대독립을 하면 세법상 1세대를 구성할 수 있는지에 대해 궁금해하고 있다.
>
> **조언방향**   김백수씨는 세법상 1세대를 구성할 수 없다. 세법상 1세대란 거주자 및 배우자가 동일한 주소 또는 거소에서 생계를 같이 하는 가족과 함께 구성하는 것을 말한다. 하지만 여동생의 경우에는 세법상 1세대가 될 수 있다. 아래의 심화학습에서 자세히 살펴보자.

이론정리 및 심화학습

1. 1세대와 배우자

1세대 판정에 있어서 부부가 함께 거주하거나 각각 주민등록을 달리하여 거주하더라도 1세대로 본다. 그러나 다음과 같은 경우에는 배우자가 없는 경우에도 1세대로 본다.

① 연령이 30세 이상인 경우
② 배우자가 사망하거나 이혼한 경우
③ 소득세법상 소득이 일정금액 이상이고 독립된 생계를 유지할 수 있는 경우

2. 김백수씨의 경우

김백수씨는 배우자가 없으며 연령이 30세 이상도 아니고 또한 소득이 없으므로 1세대로 보지 않는다. 만일 김백수씨가 세법상 1세대를 구성하려면 2년을 더 기다리든지 아니면 지금 당장 취직을 하면 1세대가 될 수 있다.

3. 김연수양의 경우

김백수씨의 여동생 김연수양은 배우자도 없고 나이도 30세가 되지 않았지만 소득이 있으므로 1세대를 구성할 수 있다.

작은사례

홀어머니가 돌아가시면서 외아들(12세)에게 상속해준 주택의 경우 그 아들이 3년간 보유하면 1세대 1주택으로 비과세될까?

→ 물론이다. 주택을 상속받은 경우에는 배우자나 나이 등에 상관없이 1세대로 본다.

2 CASE 주택의 범위

사례연구 나삼수씨는 지난 10년간 거주하던 단독주택을 5억원에 양도하였다. 나삼수씨는 이 주택 외에 3층짜리 상가건물이 있는데 이 상가건물은 전부 임대를 주고 있으며 3층에 있는 옥탑방 만을 주거용으로 임대해주고 있다. 따라서 자신은 당연히 1세대 1주택으로 양도소득세가 비과세될 것이라고 굳게 믿고 있다. 과연 이런 경우 나삼수씨가 양도한 주택이 비과세혜택을 받을 수 있을까?

조언방향 비과세혜택을 받을 수 없다. 왜냐하면 상가건물에 포함되어 있는 옥탑방은 아무리 작은 것이라도 주택으로 보기 때문에 나삼수씨는 1세대 2주택이 된다. 이러한 사례가 많으니 매우 주의해야 한다.

이론정리 및 심화학습

상가건물

상가건물이라고 하더라도 그 중에 일부분을 주택의 용도로 사용하는 경우에는 그 주택부분만큼을 주택으로 본다. 따라서 자신이 보유한 주택 이외에 상가건물을 소유하고 있는 경우에는 상가건물 중에서 주거용으로 임대준 부분이 있는지에 대해 주의해야 한다.

다음 사례에서 이를 자세히 살펴보자.

3 CASE 상가주택과 양도소득세

사례연구   정년 퇴직 후 퇴직금으로 상가주택을 구입하여 임대료로 생활하려는 정상구씨는 상가건물(5층 건물로 건평 250평)을 매입하여 장사하는 사람들에게 100평을 임대주었다. 그리고 150평 중 3, 4층 100평은 주거용 월세로 임대를 주었으며 나머지 50평은 자신의 주거용으로 사용하고 있다. 그런데 어느 날 부동산중개소에서 이 상가주택을 비싼 값에 매입하고자하는 사람이 있다며 좋은 조건에 매각할 것을 권유하고 있다. 정상구씨는 이 건물을 매각하면 상가의 양도로 보는지 아니면 주택의 양도로 보는지 궁금해하고 있다. 정상구씨는 '아마 사용면적별로 안분할 것'이라고 생각하고 있다.

조언방향   상가주택의 경우에는 주택사용 면적이 상가사용면적보다 크면 건물전체를 주택으로 본다. 따라서 정상구씨가 건물을 양도하는 경우에는 주택의 양도로 보아 양도소득세규정을 적용한다.

이론정리 및 심화학습

작은사례 1

만일 정상구씨가 상가로 150평을 임대주고 주택으로 100평을 임대 또는 거주한 상태에서 상가주택을 양도하는 경우에는 어떻게 될까?

→ 상가주택의 경우 주택으로 사용한 면적이 상가로 사용한 면적보다 작거나 같은 경우에는 전부를 상가로 보는 것이 아니라 주택으로 사용한 부분만 주택으로 본다.

작은사례 2

그렇다면 만일 나삼수씨가 일반주택 1채 이외에 상가주택이 아닌 무허가 주택을 1채 갖고 있는 경우에도 일반주택의 양도시 비과세혜택을 받을 수 없을까?

→ 물론이다. 무허가 주택이라도 주택에 해당하므로 일반주택의 양도시 당연히 비과세 혜택을 받을 수 없다.

[상가주택의 양도]

구 분	주 택 여 부
주택면적 > 상가면적	건물전체를 주택으로 본다
주택면적 ≤ 상가면적	주택면적만을 주택으로 본다

오피스텔을 보유한 경우

사례연구 김달수씨는 퇴직 후 오피스텔을 취득하여 벤처기업에게 임대하여 오다가 얼마 전 임대기간이 끝나자 신혼부부에게 주거용으로 임대를 주었다. 그리고 얼마 후 자신이 지난 10년간 거주하여온 주택을 양도하려고 하고 있다. 이런 경우 자신의 주택 양도시 비과세 혜택을 받을 수 있을까?

조언방향 비과세혜택을 받을 수 없다. 제3장에서 살펴본 것처럼 오피스텔의 경우 사무실로 임대해준 경우에는 당연히 주택으로 보지 않지만 주거용으로 임대준 경우에는 이를 주택으로 본다. 따라서 양도하는 시점에서 김달수씨는 1세대 1주택이 아닌 1세대 2주택이다.

이론정리 및 심화학습

오피스텔을 주택으로 사용·임대해준 경우에는 오피스텔을 주택으로 보기 때문에 주의하여야 한다.

CASE 5. 무허가주택의 경우

사례연구 학원강사인 황학수씨는 결혼 3년 만에 집을 장만하였으나 이 집은 건축허가를 받지 못하여 무허가인 상태이다. 하지만 집값이 저렴하여 우선 매입하고 이사를 하였다. 그리고 5년 동안 열심히 일을 하여 모은 돈으로 아파트를 분양받아 이사할 예정이다. 그런데 황학수씨는 자신과 같이 무허가주택을 구입하여 살다가 양도하는 경우에도 1세대 1주택으로 비과세혜택을 받을 수 있는 지에 대해 궁금해하고 있다.

조언방향 미등기주택의 경우에는 어떤 경우에도 1세대 1주택 비과세혜택을 받을 수 없지만 무허가주택(건축법에 의해 건축허가를 받지 아니하여 등기가 불가능한 자산)은 미등기로 보지 않는다. 따라서 무허가주택이라고 하더라도 1세대 1주택 비과세규정을 적용받을 수 있다.

다가구와 다세대의 구분

사례연구   이번에 고위직 공무원을 퇴직한 임대수씨는 그 동안 열심히 저축하여 모은 돈으로 다가구주택을 사서 자신도 거주하면서 일부는 임대주려고 하고 있다. 그런데 임대수씨는 이러한 다가구주택의 경우 나중에 양도하게 되면 1세대 1주택으로 보아 비과세대상이 되는지 궁금해하면서 우선 다가구주택과 다세대주택의 차이와 세법상의 규정을 알고 싶어 하고 있다.

조언방향   원칙적으로 세법상 다가구주택과 다세대주택 모두 공동주택으로 본다. 그러나 다가구주택의 경우에는 가구별로 구분하지 않고 하나의 매매단위로 하여 양도하거나 취득하는 경우에는 단독주택으로 본다.

따라서 다가구주택을 2년 이상 보유하는 경우에는 1세대 1주택으로 비과세혜택을 받을 수 있다. 이 경우 다가구주택이 고가주택에 해당하는지 여부는 다가구주택 전체를 하나로 보아 실거래가액이 12억원을 초과하는지 여부로 판단한다.

이론정리 및 심화학습

⋮ 다가구주택의 양도

다가구 주택의 경우 하나의 매매단위로 하여 양도, 취득하는 경우 1주택으로 본다.

⋮ 다가구주택과 다세대주택

다가구주택과 다세대주택을 비교하여 보면 다음과 같다.

[다가구주택과 다세대주택]

구 분	다가구주택	다세대주택
용 도	단독주택	공동주택
층 수	3개 층 이하	4개 층 이하(타용도복합시 당해부분만)
연면적	660㎡ 이하	660㎡ 이하(타용도복합시 당해부분만)
구획수	19세대 이하	2세대 이상(상한 없음)
법적근거	건축법 시행령 별표 1	

다가구주택 신축 후 양도

사례연구 임대수씨의 친구인 박민주씨는 옆집의 30년 이상 된 낡은 주택을 구입하여 철거한 후 그 자리에 다가구주택을 신축하여 양도하려고 하고 있다. 그런데 이런 경우 자신이 1세대 1주택으로 2년 보유요건이 되지 않아 양도소득세 비과세 혜택을 볼 수 없을 것이라고 생각하고 있다.

조언방향 당연히 비과세되지 않는다. 그 뿐만이 아니라 이런 경우에는 양도소득세 대상이 아니라 주택신축판매업으로 보아 종합소득세(사업소득세)가 과세될 수 있다는 것에 반드시 유의해야 한다.

이론정리 및 심화학습

1. 부동산매매업과 주택신축판매업

주택을 양도하는 경우 양도소득세가 과세되는 것이 일반적이지만 주택의 양도가 사업적으로 이루어진다고 판단되면 양도소득세를 과세하지 않고 사업소득세를 과세한다. 따라서 양도소득세가 과세되려면 주택의 양도가

사업적이지 않고 일시적으로 이루어져야 한다. 그리고 위의 사례처럼 옆집을 매입하여 다가구주택을 신축 판매하는 경우에는 주택신축판매업으로 보아 역시 사업소득세(종합소득세)가 과세될 수 있다.

2. 부가가치세

이렇듯 주택신축판매업으로 보는 경우에는 부가가치세를 과세당할 수 있음에 유의해야한다.

작은사례

만일 박민주씨가 옆집이 아닌 20년 이상 보유한 자신의 주택을 철거하고 다가구주택을 신축하여 양도하는 경우에는 어떻게 될까?

➜ 자신이 살던 집을 철거 후 다가구주택을 신축한 경우 신축다가구주택을 하나의 단위로 매매한다면 기존주택의 보유기간과 통산하여 양도소득세 비과세규정을 적용한다.

CASE 8. 2년 보유요건과 거주요건

사례연구 김이범씨는 아파트 2채를 보유하고 있다. 한 채는 5년 보유(3년거주)한 것(A)이고 다른 한 채는 4년보유(3년거주)한 것이다. 그런데 김이범씨는 이번에 급히 돈이 필요하여 아파트 2채를 모두 처분할 예정이다. 머리좋은 김이범씨는 혹시 조금이라도 나중에 매각하는 아파트의 경우 양도일 현재에는 1세대 1주택이고 보유(거주)기간을 다 채웠으니 비과세를 받을 수 있는 것 아닌지 문의하고 있다.

조언방향 비과세 된다. 2채의 주택 중 한 채를 먼저 팔면 다른 한 채는 그 주택의 취득일로부터 보유(거주) 기간을 계산하기 때문에 비과세 혜택을 받을 수 있다.

이론정리 및 심화학습

1. 1주택의 의미

비과세되는 경우 1세대 1주택으로 2년간 보유해야 한다. 그런데 2주택 이상 보유한 1세대가 1주택(A) 외의 다른 주택을 모두 양도한 경우 그 1주택

(A)의 보유기간은 취득일부터 계산한다.

2. 거주요건
원칙적으로 주택이 비과세가 되려면 2년 이상 보유(조정대상지역은 2년 거주)하면 된다.

3. 보유기간의 입증
보유기간의 확인은 주택의 등기사항증명서 또는 토지·건축물대장등본에 의한다. 그러나 부동산의 양도·취득시기는 원칙적으로 실제로 잔금을 청산한 날이므로 잔금청산일을 입증하는 경우에는 그날이 보유기간의 기준일이 될 것이다.

작은사례 1

아버지가 사업상의 이유로 4년간 거주하던 주택을 금년에 어머니에게 증여하였다. 그런데 사업이 여의치 않아 할 수 없이 주택을 양도하여 사업자금으로 쓰려고 하고 있다. 과연 이런 경우 보유기간은 어머니가 증여받은 후 2년 이상이어야만 비과세가 될까?

➡ 그렇지 않다. 동일세대원이 증여받은 경우에는 증여자와 수증자의 보유기간을 통산한다. 따라서 어머니는 아무 때나 양도하더라도 비과세혜택을 받을 수 있다.

작은사례 2

김삼순씨는 금년 초 남편 이삼돌씨에게서 4년간 함께 살아온 주택을 증여받은 후 금년여름 이혼을 하였다. 김삼순씨는 이 집을 팔아 장사라도 할 예정이다. 그런데 자신과 같은 경우 과연 이 집을 지금 팔아도 비과세대상이 되는지 걱정하고 있다.

➔ 비과세되지 않는다. 혼인 중인 경우에는 동일세대원이므로 증여자와 수증자의 보유기간을 통산하지만 이혼하고 주택을 양도하는 경우에는 증여받은 날로부터 2년 이상을 보유하여야만 1세대 1주택 비과세혜택을 받을 수 있다.

임대주택법에 의한 건설임대주택

사례연구 김사달씨는 건설임대주택을 임차하여 6년간 거주하다가 이번에 이를 분양받았다. 그런데 갑자기 급한 일이 생겨 이 아파트를 처분하여야 할 입장이다. 이런 경우 얼마나 보유해야지만 비과세가 되는지에 대해 궁금해하고 있다.

조언방향 민간임대주택법 및 공공주택 특별법 의한 건설임대주택의 경우에는 임차하여 세대 전원이 5년 이상 거주하던 자가 당해 주택을 취득하여 양도하는 경우 보유기간에 제한 없이 1세대 1주택으로 비과세한다.

이론정리 및 심화학습

1. 민간임대주택법 및 공공주택 특별법상의 건설임대주택

모든 임대주택이 다 보유기간에 상관없이 비과세되는 것이 아니라 민간임대주택법 2조 2호, 공공주택 특별법 2조 1호의 2에서 규정하고 있는 사업자가 임대를 목적으로 건설하여 임대하는 주택 등에 한한다.

작은사례 1

만일 이러한 임대주택을 임대하여 5년간 거주하던 중 임대주택계약자가 사망하여 상속인 중 동일세대원이 임대계약을 승계받아 거주한 경우에는 어떻게 될까?

➜ 이런 경우에는 피상속인(돌아가신 분)의 거주기간과 상속인인 동일세대원의 거주기간을 통산하여 판단한다.

작은사례 2

김팔득씨는 자신이 작년에 취득한 주택이 올해 정부에 수용되었다. 김팔득씨는 자신의 경우에는 비과세혜택을 받을 수 없는지 문의하고 있다.

➜ 비과세혜택을 받을 수 있다. 주택 및 부수토지의 전부 또는 일부가 공익사업을 위한 취득 및 보상에 관한 법률에 의한 협의매수·수용되거나 그 밖의 법률에 의해서 수용되는 경우에는 보유기간에 관계없이 비과세된다.

10 CASE 전근 등에 의한 양도

사례연구   이삼경부장은 이번에 자신의 고향인 서울로 발령이 나서 다행이라고 생각하고 있다. 그런데 현재 부산에서 살고 있는 집은 작년에 취득하여 이제 겨우 1년 남짓 거주하고 있다. 이부장은 서울에 아파트를 구입하여 입주하고 부산에 있는 주택은 처분하여 세대전원이 서울로 이주하고자한다. 하지만 아내는 자신의 직장이 부산에 있는바 부산집을 팔고 서울집을 사두는 것은 찬성하지만 자신과 아이들은 전세를 얻어 2년 정도 부산에 있으려고 한다. 이런 경우 부산의 주택을 양도시 비과세혜택을 받을 수 있을까? 이들은 현재 살고 있는 집 한 채밖에 없다.

조언방향   비과세혜택을 받을 수 없다. 위와 같이 전근 등의 이유로 부득이 주택을 양도하는 경우에는 2년 보유가 아닌 1년 이상 거주이면 비과세대상이 되나 세대전원이 이전하는 경우에 한하여 적용된다.

심화학습에서 자세히 살펴보자.

이론정리 및 심화학습

⋮ 전근 등에 의한 비과세특례

다음의 사유에 의해 세대전원이 다른 시·군으로 이전하게 되어 양도하는 주택은 1년 이상 거주하였으면 비과세대상이 된다.

① 학교의 취학(유치원, 초등학교, 중학교를 제외)을 위한 양도
② 직장의 변경, 전근 등의 근무상 형편에 의해 양도
③ 1년 이상 치료 또는 요양을 위한 양도
④ 학교폭력예방법에 따른 학교폭력으로 인한 전학

그리고 다음의 경우에는 보유기간에 상관없이 비과세대상이 된다.

① 해외이주법에 의한 해외이주로 세대전원이 출국하는 경우(다만, 출국일 현재 1주택을 보유하고 있는 경우로서 출국일부터 2년 이내에 양도하는 경우에 한함)
② 1년 이상 계속하여 국외거주를 필요로 하는 취학 또는 근무상의 형편으로 세대전원이 출국하는 경우
③ 민간주택법 또는 공공주택 특별법에 의한 임대주택으로 5년 이상 거주한 경우
④ 주택 및 그 부수토지의 전부 또는 일부가 공익사업을 위한 토지 등의

취득 및 보상에 관한 법률에 의한 협의 매수·수용 및 그 밖의 법률에 의하여 수용되는 경우

작은사례

캐나다로 이민이 확정된 김해우씨는 출국 전 주택을 처분하려고 했으나 부동산 가격의 급격한 하락으로 처분하지 못하고 세대 전원이 출국했다. 김해우씨는 이민을 위한 주택비과세 특례규정이 자신처럼 출국 전에 주택을 처분하지 못한 경우에는 어떻게 적용되는지 궁금해하고 있다.

➜ 김해우씨처럼 출국 전 국내 주택을 처분하지 못한 경우에도 출국일로부터 2년 이내에 양도하는 경우에는 비과세 혜택을 받을 수 있다.

양도시기와 취득시기

사례연구 새로 건축하는 아파트를 분양받은 김상수씨는 이번에 아파트가 완공되어 입주하였다. 그런데 이 신축아파트는 건설당시 문제가 있어서 아직 구청에서 준공검사를 받지 못하고 있다. 김상수씨는 입주 후 2년이 다되어 가는데도 아직 준공검사를 받지 못하자 마음이 매우 불편하다. 특히 아파트 양도시 1세대 1주택으로 비과세하는 신축아파트의 경우에는 취득시기를 사용검사필증교부일로 한다는 주택조합총무의 말에 모든 입주민도 당황해 하고 있다.

조언방향 신축건축물의 경우 원칙적인 취득 시기는 사용검사필증교부일이 맞다. 그러나 사용검사전이라도 가사용승인을 받았든지 아니면 실제사용한 날이 먼저인 경우에는 실제사용한 날(대부분 입주일을 실제사용일로 본다)을 취득시기로 보기 때문에 김상수씨는 너무 걱정할 필요는 없다.

이론정리 및 심화학습

▮ 양도(취득)시기

원칙적인 양도시기(취득시기)는 실제로 잔금을 청산한 날(계약서상의 잔금청산약정일이 아님에 주의할 것)이다. 그러나 만일 잔금을 청산하기 전에 소유권이전등기를 한 경우에는 등기접수일을 양도시기로 본다. 그리고 대금청산일이 불분명한 경우에도 등기접수일을 양도시기로 본다.

▮ 신축건축물의 경우

신축건축물은 사용검사필증교부일이 원칙적인 취득시기이나 그 이전에 가사용승인을 받았거나 실제 사용했다면 그 날을 취득시기로 본다.

> **작은사례**
>
> 비과세되지 않아 양도소득세를 부담할 경우 부동산 양도차익은 기준시가에 의해 계산할까 아니면 실거래가액에 의할까?
>
> ➡ 원칙적으로 양도소득세는 실거래가액에 의해 과세한다. 예외적으로 증빙 등에 의해서도 실거래가액이 확인되지 않는 경우에 한해 기준시가 등을 적용한다.

양도차손이 발생한 경우

사례연구 개인사업을 하는 김덕민씨는 작년에 아파트가격이 정점에 달했을 때 당장 집을 장만하지 못하면 영원히 집을 못 살 것 같아 무리를 해서 4억원에 아파트를 구입하였다. 그런데 올해 들어 부동산시장이 급격히 하락하면서 아파트가격이 무려 3천만원이나 떨어졌다. 그런데 기준시가는 오히려 2천만원이 상승했다. 설상가상으로 하던 사업도 경기의 영향으로 거의 부도상태이다. 김덕민씨는 눈물을 머금고 아파트를 3억 7천만원에 매각하였다. 손해를 봤기 때문에 양도소득세를 신고할 것이 없다고 생각한 김덕민씨는 세무서에 신고하지 않으려고 한다. 과연 양도차손이 발생한 경우에도 세무서에 신고해야 할까?

조언방향 신고해야 한다. 원칙적으로 양도차손이 발생하였어도 김덕민씨는 세무서에 실거래가액에 의해 신고해야만 예상치 못한 불이익(기준시가에 의해 과세당하는)을 당하지 않는다.

이론정리 및 심화학습

⋮ 실거래가액에 의한 신고

원칙적으로 양도소득신고는 양도차익이 없고 결손이 발생한 경우에도 해야 한다. 따라서 김덕민씨는 실거래가액으로 양도소득신고를 해야 한다.

⋮ 기준시가등에 의한 과세

양도소득세는 실거래가액에 의한 과세가 원칙이나 증빙 등에 의해서도 실거래가액이 확인되지 않는다면 기준시가 등에 의해 과세될 위험이 있다.

미등기양도시의 불이익

사례연구 강심장인 한풍진씨는 부동산투자에 관심이 많다. 그런데 부동산 관련한 세제가 매우 복잡하게 느껴져 차라리 부동산거래를 할 때 미등기로 하면 어떻게 되는지 궁금해하고 있다.

조언방향 물론 미등기로 거래하면서 적발되지 않으면 괜찮을 것이다. 하지만 미등기거래가 적발되면 불이익이 너무 많다. 우선 양도소득세 비과세규정과 감면규정이 적용되지 않고 양도소득기본공제(연 250만원)와 장기보유특별공제를 적용하지 않는다. 또한 미등기양도는 투기거래로 보아 양도소득세율이 무려 70%이다.

여기다 세법보다 더 무서운 부동산실명법에서 3년 이상 자신의 명의로 등기하지 않아 장기미등기에 의한 명의신탁으로 간주된다면 명의신탁자는 5년 이하의 징역 또는 2억원 이하의 벌금 그리고 부동산가액의 30%의 과징금이 부과된다. 따라서 한풍진씨는 웬만하면 성질을 좀 죽이는 것이 필요하다.

이론정리 및 심화학습

미등기자산 양도시의 불이익

① 양도소득세 비과세규정과 감면규정이 적용되지 않는다.
② 양도소득기본공제(연 250만원)와 장기보유특별공제를 적용하지 않는다.
③ 미등기양도의 경우에는 투기거래로 보아 70%의 양도소득세율을 적용한다.
④ 부동산 실명법에 의해 장기미등기로 인한 명의신탁으로 간주되면 명의신탁자는 5년 이하의 징역 또는 2억원 이하의 벌금의 형사상 책임이 있으며, 과징금도 부동산가액의 30%를 내야 한다.

작은사례

그렇다면 등기를 한 부동산을 1년 미만 보유한 경우에 양도하면 어떤 불이익이 있을까?

➡ 취득 후 1년 미만 내에 양도하면 투기거래로 간주되어 양도소득세율이 일반세율(6%~45%)이 아닌 단일세율(50%)이 적용된다.

[양도소득세율]

과 세 표 준	세 율
1,400만원 이하	6%
1,400만원 초과 5,000만원 이하	84만원 + 1,400만원 초과금액의 15%
5,000만원 초과 8,800만원 이하	624만원 + 5,000만원 초과금액의 24%
8,800만원 초과 1억 5,000만원 이하	1,536만원 + 8,800만원 초과금액의 35%
1억 5,000만원 초과 3억원 이하	3,706만원 + 1억 5,000만원 초과금액의 38%
3억원 초과 5억원 이하	9,406만원 + 3억원 초과금액의 40%
5억원 초과 10억원 이하	1억 7,406만원 + 5억원 초과금액의 42%
10억원 초과	3억 8,406만원 + 10억원 초과금액의 45%
보유기간이 1년(2년) 미만 부동산	50%(40%)(주)
미등기 양도자산	70%

(주) 주택과 조합원 입주권, 분양권의 경우 보유기간 1년 미만은 70%, 보유기간 2년 미만은 60%임

⋮ 주택관련 양도소득세율

양도소득세율은 일반적으로는 6% ~ 45%이다. 그러나 보유기간이 1년 미만인 부동산에 대해서는 50%의 단일세율을 적용하지만 주택의 경우는 70%(주)이고 보유기간이 1년 이상 2년 미만인 경우에는 40%의 단일세율을

적용하나 주택의 경우에는 60%의 세율을 적용한다. 그리고 미등기 양도자산에 대해서는 70%의 양도소득세율을 적용한다.

> **NOTE**
> 양도소득세에서는 장기보유하지 않고 단기보유한 후 양도하는 주택과 미등기전매 등의 불법양도거래에 대해 고율의 양도소득세율을 적용한다.

대체취득에 따른 일시적 2주택

사례연구 기존의 낡고 허름한 단독주택에 30년간 거주해온 나삼수씨는 이번에 신규로 지어진 아파트를 분양받아 입주하였다. 매우 만족한 나삼수씨는 이사를 위한 일시적 2주택의 경우에는 신규주택 취득 후 3년 이내에 기존주택을 양도하면 비과세혜택을 받을 수 있다는 주위의 조언에 기존주택을 부동산중개소에 내놓았다. 그런데 아무도 주택을 사겠다고 나서는 사람이 없어 고민하다보니 어느새 3년이 거의 다되었다. 과연 이런 경우 다른 방법은 없는지에 대해 문의하고 있다.

조언방향 우선 자산관리공사에 매각을 의뢰하는 것을 생각해 볼 수 있다. 이러한 경우에는 신규주택 취득 후 3년 이내에 양도하지 못한 경우에는 양도의사가 있음에도 불구하고 부득이 처분하지 못한 것으로 보아 비과세된다. 아래의 심화학습을 살펴보자.

이론정리 및 심화학습

다음의 경우에는 새로운 주택 취득 후 3년 이내에 양도하지 못하더라도 비과세 된다.

① 한국자산관리공사에 매각의뢰한 경우
② 법원에 경매를 신청한 경우
③ 국세징수법에 의한 공매가 진행중인 경우
④ 재개발사업등의 시행에 따라 토지등 소유자가 사업시행자를 상대로 제기한 현금청산금 지급소송이 진행중 또는 청산금을 지급받지 못한 경우
⑤ 재개발사업등의 시행에 따라 사업시행자가 토지소유자를 상대로 제기한 수용재결 또는 매도청구소송절차가 진행중인 경우등

상속주택으로 2주택이 된 경우

사례연구 김삼돌씨는 지난 5년간 보유·거주하고 있던 주택에서 이사가려고 올해 2월 새로운 아파트를 취득하였다. 김삼돌씨는 일시적 2주택이 되어 3년 이내에 기존주택을 양도하려고 한다. 그런데 올해 6월 아버님이 갑자기 돌아가시면서 주택을 상속받아 1세대 3주택이 되었다. 이런 경우 김삼돌씨는 어떻게 해야 하는지 막막해 하고 있다.

조언방향 상관없다. 상속받은 주택 자체는 양도소득세 과세대상이지만 상속개시 전 보유하던 주택의 양도시 그 주택의 비과세 판정시 상속주택은 없는 것으로 보기 때문이다. 따라서 기존주택을 새 아파트 취득 후 3년이 넘지 않는 시점에서 양도하면 비과세대상이 된다.

이론정리 및 심화학습

상속받은 주택도 양도소득세 과세대상이다. 하지만 일반주택을 양도할 때 1세대 1주택 비과세 판정시 상속주택은 영향을 미치지 않는다.

작은사례

만일 무주택자인 자(동일세대원 아님)가 아버님으로부터 1주택을 상속받은 경우에는 어떻게 될 것인가? 이런 경우에도 상속주택 양도시 양도소득세가 과세될 것인가?

➜ 과세된다. 따라서 상속받은 주택을 상속받은 후 2년간 보유한 후에 양도하여야만 비과세혜택을 볼 수 있다. 다만 무주택인 자(상속인)가 동일세대원인 경우에는 아버님의 보유기간을 합산하므로 그 기간이 2년 이상이면 비과세 대상이 된다.

16 CASE 상속주택의 판정

> **사례연구** 김동칠씨와 김동팔씨는 각자 1채씩의 주택을 5년간 보유하고 있다. 그리고 이번에 아버님이 돌아가시면서 각각 1채씩 집을 상속받았다. 형 김동칠씨는 아버님이 10년간 소유한 주택을, 동생 김동팔씨는 7년간 소유한 주택을 상속받았다. 이들 형제는 상속받은 주택은 과세가 되지만 자신들 집을 양도하는 경우에는 비과세가 될 것이라고 굳게 믿고 있다. 과연 그럴까?
>
> **조언방향** 그렇지 않다. 피상속인(아버님)의 주택 중 소유한 기간이 오래된 것 1채만이 상속주택의 특례규정을 적용받는다. 따라서 형이 자신의 집을 양도하는 경우에는 비과세지만 동생이 자신의 주택을 양도하는 경우에는 1세대 2주택으로 보아 비과세되지 않는다.

이론정리 및 심화학습

상속주택 특례 규정은 피상속인(돌아가신 분)이 상속개시 당시 2채 이상의 주택을 소유한 경우 아래의 순위에 따른 1주택만 적용한다.

① 피상속인이 소유한 기간이 가장 긴 1주택
② 소유기간이 같을 경우에는 피상속인이 거주한 기간이 긴 주택
③ 그것도 같은 경우에는 상속개시 당시 피상속인이 거주한 주택
④ 거주한 사실이 없는 경우에는 기준시가가 높은 주택
⑤ 기준시가가 같은 경우에는 상속인이 선택하는 1주택

작은사례

김동팔씨의 친구인 나팔수씨는 이번에 상속을 받았는데 아버님의 집 1채를 형제들이 공동으로 상속받았다고 한다. 그런데 이런 경우 누구의 상속주택으로 보는지 궁금해하고 있다.

➔ 이러한 공동상속의 경우에는 상속지분이 가장 큰 상속인이 공동상속주택을 소유한 것으로 본다. 그리고 그 이외의 상속인은 공동상속주택은 소유하지 않은 것으로 본다. 만일 상속지분이 같은 경우에는 다음의 순서에 의해 공동상속주택의 소유자로 본다.

① 당해 주택에 거주하는 상속인
② 최연장자

17 CASE 이농주택으로 인한 1세대2주택

사례연구 강원도 산골에서 태어나 아버지를 일찍 여의고 열심히 농업에 종사하던 김상춘씨는 5년 전 서울로 올라와서 열심히 돈을 모았고 이미 4년 전 아파트를 취득하였다. 그리고 이 아파트를 이번에 양도하려고 하는데 시골의 주택을 아직도 갖고 있어 졸지에 1세대 2주택이 되어버렸다. 그래서 이번에 서울집을 양도하면 시골집 때문에 비과세가 되지 않을 것이라며 불안해하고 있다.

조언방향 양도소득세가 과세되지 않는다. 왜냐하면 이농으로 인한 농어촌주택과 일반주택을 국내에 1개씩을 보유하고 있는 경우 일반주택 양도시 1세대 2주택인 경우에도 일반주택을 2년 이상 보유하면 양도소득세가 비과세 된다.

이론정리 및 심화학습

농·어촌주택 보유시 특례규정

다음의 농·어촌주택과 일반주택을 보유한 경우의 농·어촌주택과 관계없이 일반주택은 2년간 보유했으면 양도시 비과세대상이 된다.

① 상속받은 농·어촌주택(피상속인이 취득 후 5년 이상 거주한 사실이 있는 경우에 한한다.)
② 이농인(어업 포함)이 취득 후 5년 이상 거주한 이농주택
③ 영농 또는 영어의 목적으로 취득한 귀농주택(5년 이내에 일반주택 양도 시)

CASE 18 고가주택의 양도

사례연구 박영삼씨는 17년 전에 3억원[기준시가 : 2억원]을 주고 구입한 아파트(120㎡)에 거주하고 있다. 그런데 금년 1월 이 집을 15억원[기준시가 : 12억원]에 양도하고 나서 자신의 아파트가 고가주택으로 분류된다는 것을 알았다. 그렇지만 박영삼씨는 자신의 경우는 1세대 1주택이므로 양도소득세가 비과세될 것으로 확신하고 여유만만이다. 과연 그럴까?

조언방향 비과세되지 않는다. 실거래가액이 12억원을 초과하는 고가주택의 가장 큰 불이익은 1세대 1주택 비과세 규정이 적용되지 않는다는 것이다.

이론정리 및 심화학습

고가주택의 범위

고가주택이란 주택(부수되는 토지 포함)의 양도당시 실지거래가액의 합계액이 12억원을 초과하는 것을 말한다.

19 CASE 고가주택의 양도차익계산

사례연구   앞의 사례의 박영삼씨는 비과세대상에서 제외되고 실거래가액으로 과세된다는 조언을 듣고 거의 혼수상태이다. 자신의 경우 양도차익 계산을 실거래가액으로 하면 무려 12억원(=15억원 - 3억원)이기 때문에 양도소득세가 엄청나게 과세될 것이라고 생각하고 있다.

조언방향   물론 실거래가액으로 과세한다. 그러나 박영삼씨처럼 1세대 1주택(2년 보유)에 해당하지만 고가주택이어서 과세되는 경우의 양도차익계산은 12억원을 초과하는 부분에 대해서만 과세하므로 양도차익은 다음과 같이 12억원이 아니라 2억 4,000만원 정도가 된다.

$$양도차익 = 양도차익 \times \frac{양도가액 - 12억원}{양도가액}$$

$$= (15억원 - 3억원) \times \frac{(15억원 - 12억원)}{15억원}$$

$$= 2억\ 4{,}000만원$$

이론정리 및 심화학습

1세대 1주택에 대한 장기보유특별공제

1세대 1주택에 해당하나 고가주택이어서 과세되는 경우에는 장기보유특별공제도 다르다.

[1세대 1주택에 대한 장기보유특별공제[(A) + (B)]]

보유기간	공제율(A)	거주기간	공제율(B)
3년 이상 10년 미만	보유년수 × 4%	2년 이상 10년 미만	거주년수 × 4%
10년 이상	40%	10년 이상	40%

위의 사례의 경우(17년 보유 및 거주) 장기보유특별공제액은 다음과 같다.

$$장기보유특별공제액 = 장기보유특별공제액 \times \frac{양도가액 - 12억원}{양도가액}$$

$$= (12억원 \times 80\%) \times \frac{(15억원 - 12억원)}{15억원}$$

$$= 1억\ 9,200만원$$

만일 위의 사례의 아파트가 보유기간과 거주기간이 각각 7년인 경우라면 장기보유특별공제액은 다음과 같다.

$$장기보유특별공제액 = 장기보유특별공제액 \times \frac{양도가액 - 12억원}{양도가액}$$

$$= (12억원 \times 56\%) \times \frac{(15억원 - 12억원)}{15억원}$$

$$= 1억\ 3,440만원$$

작은사례

만일 이 고가주택이 1년 6개월 전 구입하여 과세되는 경우라면 어떻게 될까?

→ 양도차익은 12억원이 되며 장기보유특별공제는 해당 없다.

기준시가와 실거래가액

사례연구 작년 9월에 무리하게 은행융자를 얻어 2억원에 아파트를 구입한 이영달씨는 올해 이자상환에 부담을 느껴 아파트를 처분하기로 하였다. 다행히 아파트가격이 다소 올라 마음이 가벼운 이영달씨는 자신의 경우 2년 이상 보유하지 못했기 때문에 양도소득세 비과세에 해당되지는 않을 것이나 실거래가액이 9억원에 훨씬 미치지 않기 때문에 기준시가로 과세하는 경우 양도소득세부담이 적을 것으로 예상하고 있다. 그래서 계약을 하고 올해 8월 잔금을 받기로 하였다. 이런 경우 이영달씨가 주의해야 할 사항은 없을까?

조언방향 부동산의 경우 기준시가가 아닌 실거래가액에 의해 과세하며 1년 미만 보유한 주택을 양도하면 양도소득세율이 70%(일반 부동산은 50%)이다. 따라서 8월에 잔금을 받기로 한 경우에도 반드시 실제잔금은 9월 이후에 받는 것이 필요하다. 왜냐하면 양도시기는 잔금약정일이 아니라 잔금을 실제로 청산한 날이기 때문이다.

이론정리 및 심화학습

일반적인 양도소득세율은 6% ~ 45%이지만 1년 미만 보유한 주택에 대해서는 70%의 단일세율을 적용한다는 사실을 꼭 기억하여야 할 것이다.

1세대 다주택에 대한 중과

사례연구 서울에 집을 2채 소유하고 있는 이명수씨는 고향인 경기도 분당에도 집을 1채 소유하고 있다. 그런데 이명수씨는 자신과 같은 경우 1세대 3주택으로 중과대상이 되는지에 대해 매우 불안해 하고 있다. 그리고 중과세가 된다면 어떻게 된다는 것인지에 대해서도 궁금해하고 있다.

조언방향 주택투기를 억제하기 위해 2주택 이상의 다주택 보유자가 조정대상지역에 있는 주택을 양도하는 경우 기본세율 + 20%(3주택자는 30%)의 세율(주)을 적용하여 중과한다. 이때 조정대상지역이란 주택법에 따라 국토교통부 장관이 지정·공고하는 조정대상지역을 말한다.

(주) 1년 미만 보유 주택의 경우 위의 적용세율과 70% 중 큰 금액으로 과세한다. (2026.5.9까지 중과세율 적용 배제)

NOTE
다주택자(2주택 이상)가 조정대상지역에 있는 주택양도시 장기보유특별공제가 배제된다.

CASE 22 비사업용 토지에 대한 중과

사례연구 1세대 3주택에 해당하는 안병희씨는 자신의 경우 주택 양도시 중과세하지 않고 일반세율로 과세된다는 소식에 흐뭇해하고 있다. 부동산 부자인 안병희씨는 지금부터는 여유자금이 있으면 주택을 구입하지 않고 토지를 사서 부동산 투자이익을 얻을 생각이다. 그런데 주택이 아닌 토지에 대해서는 혹시 중과규정이 있는지 궁금해하고 있다.

조언방향 토지에 대해서는 중과규정이 있다. 즉 비사업용 토지로 분류되는 경우에는 일반세율에 10%를 가산한 양도소득세율이 적용된다.

이론정리 및 심화학습

⋮ 장기보유특별공제

비업무용토지로 판정받은 경우에도 양도소득세 계산시 장기보유특별공제를 받을 수 있다.

작은사례

이러한 조언에 당황한 안병희씨는 자신의 경우에는 상속받은 토지가 있는데 이에 대해서도 비사업용 토지로 보아 중과하는지 급히 물어보고 있다.

→ 그렇지 않다. 상속토지는 상속일로부터 5년 이내에 양도하는 경우에는 중과하지 않는다.

CASE 23 양도와 증여

사례연구 강남에 3주택을 갖고 있는 강남수씨와 강남권씨는 다주택 보유자로 보유주택 중 한 채를 양도할지 아니면 아들에게 증여할지 고민 중이다. 강남권씨는 차라리 주택을 양도하는 것보다 증여하는 것이 세금이 적게 나올 수도 있는지 궁금해하면서 문의하고 있다.

조언방향 그럴 수 있다. 증여의 경우에는 시가로 과세하는 것이 원칙이지만 시가파악이 어려운 경우 기준시가로 과세하는 경우도 있기 때문에 실거래가액으로 계산되는 양도소득세보다 유리하며 세율도 증여세율은 10% ~ 50%이기 때문에 6% ~ 45%에 달하는 양도소득세율보다 세부담이 적을 수 있다. 다만, 강남수씨와 강남권씨는 조정대상지역내의 1세대 3주택자로서 기본세율에 30%가 가산된⁽주⁾ 양도소득세율(1년 미만 보유시 30% 가산 세율과 70% 중 큰 세율)이 과세되므로 증여세와 양도세를 비교해보아야 한다.

(주) 보유기간 2년 이상이면 2026. 5. 9까지 중과세율 적용배제

등기부에 기재되는 실거래가액

사례연구　강남수씨의 친구인 나지수씨는 부동산투기 특히 주택투기로 잔뼈가 굵은 사람으로 배짱이 매우 두둑한 사람이다. 나지수씨는 모든 부동산양도에 대해 양도소득세가 원칙적으로 실거래가액으로 과세된다는 소리에도 별로 놀라지 않고 있다. 세무서에서 어떻게 실거래가액을 파악할 수 있느냐는 것이다. 자신은 부동산 거래시 실거래가액을 숨기고 매우 낮은 가액으로 신고하겠다고 하고 있다. 과연 세무서는 실거래가액을 파악할 수 없을까?

조언방향　이제는 실거래가액을 숨기기가 쉽지 않다. 부동산거래시 정부에서는 실거래가액을 신고하도록 하고 있고 부동산 등기부에 실거래가액을 기재하도록 하기 때문에 실거래가액 파악이 매우 쉬워졌다.

아래 심화학습에서 살펴보자.

이론정리 및 심화학습

부동산 거래시 실거래가액은 다음 절차에 의해 등기부에 기재하게 된다.

∷ 실거래가액 신고 및 거래신고필증 수령

부동산 거래 당사자 또는 개업공인중개사는 계약체결 후 60일 이내에 시장·군수·구청장에게 실거래가액을 신고해야 한다. 시장·군수·구청장은 신고인에게 거래신고필증을 교부하고 실거래가액 신고관련 계약서등을 등기소·세무서에 송부한다. 이때 매수인은 잔금청산일로부터 60일 이내에 취득세를 신고납부해야 한다.

∷ 관할등기소 등기신청

등기신청인은 잔금청산일로부터 60일 이내에 거래신고필증 등을 갖춰 소재지 관할 등기소에 이전등기를 신청해야 하고 등기관은 거래신고필증(매매목록)에 기재된 거래가액을 부동산등기부의 갑구 권리자 및 기타사항란에 기재한다.

다가구주택과 오피스텔의 경우

사례연구 6가구로 구분된 다가구주택을 소유하고 있는 김다수씨와 오피스텔을 소유하고 있는 오희수씨는 다가구주택과 오피스텔을 주택수 계산에 있어서 포함하는지 불안해하면서 문의하고 있다.

조언방향 세법상 한 가구가 독립하여 거주할 수 있도록 구획된 부분은 각각 하나의 주택으로 본다. 다만 다가구주택을 하나의 매매단위로 양도하는 경우에는 단독주택으로 보아 1세대 1주택 비과세 여부를 판단한다. 오피스텔의 경우 사실상 거주용으로 사용하는 경우에는 주택으로 계산한다.

26 CASE 장기임대주택사업자

사례연구 김철수씨는 임대주택사업자로 3채의 주택을 임대해주고 있다. 그리고 그 이외에 자신이 살고 있는 집도 한 채 소유하고 있다. 그런데 자신처럼 임대사업자의 경우 1세대 1주택 비과세를 판정할 때 임대주택도 주택수에 포함하는지 불안해하고 있다.

조언방향 김철수씨가 소득세법상 장기임대주택사업자라면 임대주택은 비과세 판정시 주택으로 계산하지 않을 수 있다. 아래의 심화학습에서 자세히 살펴보자.

이론정리 및 심화학습

1. 장기임대주택사업자(所令 155조 20항)

장기임대주택이란

「민간임대주택에 관한 특별법」상의 임대주택을 1호 이상 5년 이상 임대한 주택을 말한다. 이때의 임대주택은 임대개시일 당시 기준시가가 6억원(수도권 외 3억원) 이하이어야 한다. 물론 이때의 임대사업자는 세무서에 임대사업자로 등록을 하고 「민간임대주택에 관한 특별법」에 의해 시·군·구에 등록을 한 주택임대사업자에 한한다.

2. 장기임대주택사업자의 세제혜택

장기임대주택사업자가 본인의 거주주택 양도시(생애 1번만) 1세대 1주택 비과세 혜택가능하다.

> **NOTE**
>
> 단, 본인의 거주주택이 비과세되려면 보유기간뿐 아니라 거주기간도 2년 이상이어야 하고 장기임대주택의 임대보증금 또는 임대료의 증가율이 年 5%를 초과하지 않아야 한다. 그리고 임대계약의 체결(또는 증액약정)이 있은 후 1년 이내에는 증액청구가 불가하다.

장기임대주택사업자의 본인주택양도

사례연구 앞의 사례의 김철수씨는 장기임대주택사업자의 경우 본인 거주주택 양도시 장기임대주택은 주택수 계산에서 제외된다는 조언에 크게 기뻐하고 있다. 그래서 김철수씨는 거주주택을 부동산 중개소에 매물로 내놓으려고 하고 있다. 그러나 김철수씨의 임대주택의 경우 보유기간이 4년밖에 되지 않아 장기임대주택에 해당하려면 아직 1년을 기다려야 한다는 사실을 알고는 실망하고 있다. 김철수씨는 혹시 아직 임대주택의 보유기간이 5년이 되지 않았어도 자신의 주택양도후 추가적으로 1년더 보유하면 될수도 있는 것은 아니지 문의하고 있다.

조언방향 가능하다. 아래 심화학습에서 자세히 살펴보자.

이론정리 및 심화학습

1. 장기임대요건 충족전 본인주택 양도시

거주자인 1세대가 장기임대주택의 임대기간요건(5년)을 충족하기 전에 거주주택을 양도하는 경우에는 해당 임대주택을 장기임대주택으로 보아 비과세 요건을 적용한다. 따라서 김철수씨는 본인의 거주주택 양도시 비과세혜택을 받고 임대주택의 보유기간(5년)을 충족시키면 된다.

2. 장기임대요건 불충족시 과세

만일 김철수씨가 본인 거주주택 양도시 비과세혜택을 받은 후 임대주택의 장기임대주택 보유기간(5년)을 충족하지 못한 경우에는 그 사유가 발생한 날이 속하는 달의 말일부터 2개월이내에 본인 거주주택 양도시 비과세 받았던 양도소득세를 계산하여 납부하여야 한다.

주택과 세금

1. 세법상 1세대

1세대란 거주자 및 배우자가 동일한 주소 또는 거소에서 생계를 같이하는 가족과 함께 구성하는 것을 말한다. 그러나 다음의 경우에는 배우자가 없어도 1세대로 본다.

① 연령이 30세 이상인 경우
② 배우자가 사망하거나 이혼한 경우
③ 소득세법상 소득이 일정금액 이상이고 독립생계를 유지할 수 있는 경우

2. 상가주택

상가주택의 경우 주택으로 사용한 면적이 상가로 사용한 면적보다 큰 경우에는 전체를 주택으로 보며 주택으로 사용한 면적이 상가로 사용한 면적보다 작거나 같은 경우에는 주택부분만을 주택으로 본다.

구 분	주택여부
주택면적 > 상가면적	건물전체를 주택으로 본다
주택면적 ≤ 상가면적	주택면적만을 주택으로 본다

3. 다가구주택과 다세대주택

원칙적으로 세법상 다가구주택이나 다세대주택 모두 공동주택으로 본다. 그러나 다가구주택의 경우 가구별로 구분하지 않고 하나의 매매단위로 하여 1인에게 양도하거나 취득하는 경우에는 단독주택으로 본다.

4. 보유요건과 거주요건

주택의 비과세요건은 1세대 1주택으로 2년간 보유(조정대상지역은 2년 거주)해야 한다. 그런데 2주택 이상을 보유한 1세대가 1주택(A) 외의 다른 주택을 모두 양도한 경우 그 양도일 이후부터 1주택(A)의 보유기간을 계산한다. (단, 일시적 2주택의 경우는 제외)

5. 전근등에 의한 양도

(1) 세대전원이 다음의 사유에 의해 양도하는 주택은 1년 이상 거주하였으면 비과세대상이 된다.
 ① 학교의 취학(유치원, 초등학교, 중학교를 제외)을 위하여 양도할 때
 ② 직장의 변경, 전근 등의 근무상 형편에 의해 양도할 때
 ③ 1년 이상 치료나 요양을 필요로 하는 질병의 치료 또는 요양을 위해 양도할 때
 ④ 학교폭력예방법에 따른 학교폭력으로 인한 전학

(2) 다음의 경우에는 보유기간에 상관없이 비과세대상이 된다.
① 해외이주법에 의한 해외이주로 세대전원이 출국하는 경우(다만, 출국일 현재 1주택을 보유하고 있는 경우로서 출국일부터 2년 이내에 양도하는 경우에 한함)
② 1년 이상 계속하여 국외거주를 필요로 하는 취학 또는 근무상의 형편으로 세대전원이 출국하는 경우
③ 민간임대주택법 또는 공공주택 특별법에 의한 임대주택으로 5년 이상 거주한 경우
④ 주택 및 그 부수토지의 전부 또는 일부가 공익사업을 위한 토지 등의 취득 및 보상에 관한 법률에 의한 협의 매수·수용 및 그 밖의 법률에 의하여 수용되는 경우

6. 양도시기와 취득시기

원칙적인 양도시기(취득시기)는 실제로 잔금을 청산한 날(계약서상의 잔금청산약정일이 아님에 주의할 것)이다. 그러나 만일 잔금을 청산하기 전에 소유권이전등기를 한 경우에는 등기접수일을 양도시기로 본다. 그리고 대금청산일이 불분명한 경우에도 등기접수일을 양도시기로 본다.

7. 양도소득의 계산

부동산 양도시 양도소득세는 실거래가액에 의해 계산하는 것이 원칙이고 예외적으로 본인이 증빙에 의해서도 실거래가액을 확인할 수 없는 경우에 한해 기준시가 등을 적용한다.

8. 양도소득세율

[양도소득세율]

과 세 표 준	세 율
1,400만원 이하	6%
1,400만원 초과 5,000만원 이하	84만원 + 1,400만원 초과금액의 15%
5,000만원 초과 8,800만원 이하	624만원 + 5,000만원 초과금액의 24%
8,800만원 초과 1억 5,000만원 이하	1,536만원 + 8,800만원 초과금액의 35%
1억 5,000만원 초과 3억원 이하	3,706만원 + 1억 5,000만원 초과금액의 38%
3억원 초과 5억원 이하	9,406만원 + 3억원 초과금액의 40%
5억원 초과 10억원 이하	1억 7,406만원 + 5억원 초과금액의 42%
10억원 초과	3억 8,406만원 + 10억원 초과금액의 45%
보유기간이 1년(2년) 미만 부동산	50%(40%)[주]
미등기 양도자산	70%

(주) 주택과 조합원 입주권, 분양권의 경우 보유기간 1년 미만은 70%, 보유기간 2년 미만은 60%임

9. 상속주택

상속주택은 원칙적으로 양도소득세 과세대상이다. 하지만 자신이 보유한 주택을 양도할 때 1세대 1주택 비과세 판정시 상속주택은 영향을 미치지 않는다.

10. 고가주택의 양도

고가주택이란 주택(부수되는 토지 포함)의 양도 당시 실지거래가액의 합계액이 12억원을 초과하는 것을 말한다. 고가주택의 경우에는 1세대 1주택으로 2년 이상 보유한 경우에도 비과세규정이 적용되지 않는다.

05

재개발·재건축아파트와 세금

투자(또는 투기)수요로 각광(또는 관심)받는 재건축·재개발아파트에 대해 알아보자. 재건축·재개발아파트는 좋은 투자처임에는 분명하지만 세법규정들이 매우 복잡하다. 특히 재개발·재건축아파트에 투자하는 경우에는 다른 주택을 보유하고 있는 것이 일반적인데 이런 경우 어떤 의사결정이 절세에 있어 가장 최적일까? 또한 재건축공사기간은 보유기간에 포함하는 것일까? 그리고 투기지역의 경우에는 분양권을 전매하는 것을 금지하고 있는데 이는 어떤 내용일까? 재건축·재개발아파트에 투자한 많은 사람들이 등장하여 사례를 통해 정리해줄 것이다. 이들의 상황을 만나보자.

재건축주택의 보유기간 계산

사례연구 대구에 사는 남달수씨는 그동안 전세를 살다가 전세금과 은행융자를 얻어 재건축이 유력하다고 소문난 시영아파트를 취득하여 입주했다. 그리고 1년 6개월이 지나자 예상대로 재건축이 시작되었다. 공사기간은 2년이 소요되었으며 얼마 전 재건축아파트가 완공되어 이번에 입주할 예정이다. 그리고 완공된 아파트는 가격이 급등하여 취득가액의 2배정도에 달하고 있다. 하지만 최근에 실직하여 은행융자상환에 어려움을 겪자 별다른 재산이 없는 남달수씨는 신축아파트를 처분하여 은행융자를 상환하고 자신은 조그만 아파트를 구입하려고 한다. 그런데 자신과 같은 경우 신축아파트 입주 후 얼마나 더 보유해야 1세대 1주택 비과세규정에 해당되는지에 대해 궁금해하고 있다.

조언방향 남달수씨는 입주 후 바로 양도해도 1세대 1주택 비과세규정에 해당한다. 왜냐하면 보유하던 주택이 도시 및 주거환경정비법에 의해 재건축·재개발로 완공된 경우 보유기간은 종전의 주택보유기간, 공사기간 등을 통산하여 계산하기 때문이다.

이론정리 및 심화학습

⋮⋮ 재건축기간의 통산

도시 및 주거환경정비법에 의한 재건축주택의 경우에는 보유기간의 계산 시 종전주택의 보유기간과 재건축공사기간을 통산한다. 이러한 보유기간의 통산은 재건축 외에도 도시 및 주거환경정비법에 의한 재개발 신축아파트의 공사기간도 포함한다.

일반재건축의 보유기간 계산

사례연구 남달수씨의 아버지인 남포동씨는 재건축을 노리고 40년이 넘은 주택을 1년 전 매입하여 거주하고 있다. 그리고 재건축하기를 애타게 기다렸지만 결국 무산되었다. 실망한 남포동씨는 할 수 없어 재건축을 포기하고 직접 집을 헐고 새로 건축하여 매각할 예정이다. 그런데 남포동씨는 아들 남달수씨로부터 재건축의 경우 공사기간이 보유기간에 포함된다는 말을 듣고 그러면 자신의 경우에도 적용되는지 궁금해하고 있다.

조언방향 비과세혜택을 받을 수 없다. 왜냐하면 재건축공사기간이 보유기간에 포함되는 경우는 도시 및 주거환경정비법에 의해 재건축·재개발되는 경우에 한한다. 남포동씨와 같이 개인적으로 재건축하는 일반재건축의 경우에는 재건축의 공사기간은 보유기간에 포함하지 아니하고 다만 재건축전의 보유기간을 통산할 뿐이다. 따라서 남포동씨는 개인적인 재건축 완료 후 1년 이상 더 보유한 후에 양도해야만 비과세혜택을 받을 수 있다.

재건축공사 중 취득한 주택

사례연구 나상수씨는 본인 소유의 옥수동 연립주택이 드디어 재건축 건설공사가 시작되자 공사기간 중에 거주할 전세를 얻을까하여 돌아다니다가 마침 방이동에 조건이 좋은 소형아파트가 나오자 아예 이 아파트를 구입하여 이주하였다. 그리고 2년 3개월이 지나자 재건축공사가 완료되어 옥수동아파트에 입주하게 되었다. 나상수씨는 이런 경우 재건축이 완료된 옥수동아파트입주를 위해 방이동 아파트를 양도하면 양도소득세가 과세될 것이 걱정되고 그냥 보유한 채로 옥수동아파트에 입주하자니 1세대 2주택이 되는 것이 골치 아프다. 이런 경우 어떻게 하는 것이 좋은지 거래금융기관의 고연우PB에게 문의하고 있다.

조언방향 재건축된 옥수동아파트 입주를 위해 방이동아파트를 양도하는 경우 양도소득세가 비과세된다. 즉, 재건축사업 시행 중에 다른 주택을 취득하여 1년 이상 거주하다가 완성된 후 2년 이내에 재건축아파트로 세대전원이 이사함에 따라 다른 주택을 양도하는 경우에는 비과세한다.

이론정리 및 심화학습

⋮ 재건축사업시행기간 중 취득한 주택

도시 및 주거환경정비법에 의해 조합원으로 참여한 자가 그 재건축사업시행 중 다른 주택(대체주택)을 취득하여 1년 이상 거주하다가 완성된 후 2년 이내에 재건축주택으로 세대전원이 이사하면서^(주) 거주하던 대체주택을 양도하는 경우에는 양도소득세를 비과세받을 수 있다.

<small>(주) 이사한 재건축주택에 1년 이상 계속하여 거주하여야 한다.</small>

이때 주의해야 할 사항은 재건축주택의 사용검사필증교부일(또는 사용승인일)로부터 2년 이내에 다른 주택을 양도하여야 비과세혜택을 받을 수 있다는 점이다. 도시 및 주거환경정비법에 의한 재개발사업의 경우에도 위와 동일하다.

재개발과 재건축의 차이

사례연구 지금까지 무주택자로 살아온 강영훈씨는 이번에 재개발가능성이 높아 가격이 급등하고 있는 지역의 연립주택을 구입할지 고민하고 있다. 그런데 연립주택구입 후 재개발이 확실히 시행된다는 보장이 없어 취득을 망설이고 있다. 그런데 이러한 고민을 들은 친구 김진호씨는 재개발예정지역보다는 재건축이 유력한 연립주택을 구입하는 것이 투자위험이 훨씬 적다며 재건축예정아파트를 구입할 것을 강력히 추천하고 있다. 그러자 강영훈씨는 재개발과 재건축이 무슨 차이가 있는지 문의하고 있다.

조언방향 일반적으로 비슷하긴 하지만 재개발의 경우에는 지정·고시 등의 복잡하고 까다로운 절차가 있어 재건축아파트가 더 유리한 경우가 많다. 아래의 심화학습에서 자세히 살펴보자.

이론정리 및 심화학습

1. 재개발주택

재개발사업은 도시 및 주거환경정비법에 의해 재개발지역으로 지정·고시된 구역 내의 토지를 합리적으로 이용하기 위해 시행되는 사업을 말한다. 이러한 사업은 토지 등의 소유자가 결성한 조합(재개발조합)에 의해 시행되는 경우도 있지만 지방자치단체 등에서 시행되는 경우가 많다.

이러한 재개발사업은 지정·고시되는 것이 쉽지 않고 규모가 큰 것이 일반적이어서 이해관계자들이 많아 재개발사업에서 필수요건인 관리처분계획을 인가받는 것도 매우 어렵다. 관리처분계획이란 종전의 토지, 건물 소유주에게 새로 조성되는 토지, 건물을 배분하고 합리적으로 이용될 수 있도록 한 계획을 말하며 이러한 관리처분계획은 반드시 국토교통부장관의 인가를 받아야 한다.

2. 재건축주택

재건축주택은 재개발구역을 지정하는 재개발과는 달리 노후된 기존의 주택을 도시 및 주거환경정비법에 의해 재건축조합을 결성하고 주택건설사업계획을 승인받아 다시 건축한 주택을 말한다. 일반적으로 재개발주택에 비해 소규모이며 주민들 스스로가 조합을 결성하여 민간건설업자에게 자체적으로 건설을 의뢰할 수 있다. 이러한 재건축은 재개발보다 진행과정이

수월하기 때문에 상대적으로 유리하다.

구 분	재 건 축	재 개 발
근거법령	도시 및 주거환경정비법(주)	
시행주체	토지·건물소유자(재건축조합), 민간개발업자	토지·건물소유자(재개발조합), 관주도의 도시계획사업 필요
절차차이	안전진단이 필수이고 관리처분불필요	관리처분필수이고 안전진단 불필요
시행용이성	상대적 간편	복잡함

(주) 종전에는 재건축은 주택법에서, 재개발은 도시재개발법에서 규정하였으나 현재에는 도시 및 주거환경정비법에서 통합·운용하고 있으며 정비사업은 ① 주거환경개선사업 ② 주택재개발사업 ③ 주택재건축사업으로 구분하고 있다.

작은사례

그렇다면 재건축절차와 재개발절차는 어떤 차이가 있을까?

➜ 재건축절차와 재개발절차를 간단히 알아보면 다음과 같다.

⁝ 재건축절차

우선 재건축을 위해서는 재건축위원회를 구성하여 재건축을 결의하여야 한다. 그리고 구청장 등에게 안전진단을 받은 후 조합설립인가를 받는다.

그런 다음 건설할 시공사를 선정하여 공사계약을 체결하고 조합설립일로부터 2년 이내에 구청장 등에게 사업계획을 승인받아야 한다. 사업계획이 승인되면 조합은 건축예정인 주택을 조합원에게 우선 분양하고 나머지 주택을 일반인에게 공급하며 건설이 완료되면 사용검사(세법에서는 이 시기를 취득시기로 본다)를 받으면 된다.

재개발절차

재개발을 위해서는 우선 구역을 선정한 후 중앙도시계획위원회에서 재개발구역을 확정하여 지정·고시한다. 그리고 재개발조합설립인가를 받은 후 사업시행인가를 받는다. 그 후 조합원의 분양신청을 받아 분양을 마친 후 관리처분계획을 인가받아야 한다. 그런 다음 재개발공사를 시행한 후 주택이 완성되면 사용검사를 받는다.

재건축공사 중 보유주택을 양도하는 경우

사례연구 기존주택을 갖고 있는 김장수씨는 재건축이 유력한 아파트를 은행융자 등을 총동원하여 구입하였다. 그리고 1년 후 드디어 재건축사업이 시작되어 입주권을 받았으며 공사기간은 2년으로 예정되어 있다. 또한 기존에 보유하고 있던 주택도 갑자기 가격이 급등하여 김장수씨는 입이 저절로 벌어지고 있다. 그러자 김장수씨는 재건축 공사기간 중에 기존 주택을 양도하려고 하는데 이에 대해 비과세 적용을 받을 수 있을지 궁금해하고 있다.

조언방향 위의 경우 입주권도 주택으로 보기 때문에 기존주택을 양도하게 되면 1세대 2주택이 되어 비과세 규정이 적용되지 않는다. 그리고 입주권을 먼저 양도하는 경우에는 부동산을 취득할 수 있는 권리의 양도로 보아 양도소득세를 과세한다.

분양권 전매금지

사례연구 강남의 재건축예정아파트를 비싼 금액을 주고 매입한 김강혁씨는 재건축조합이 인가되자 조합원이 되었다. 그 후 이 재건축아파트의 가격이 많이 오르자 김강혁씨는 이를 양도하려고 하고 있다. 과연 이 아파트를 양수받은 사람이 조합원의 지위를 승계할 수 있을까?

조언방향 투기과열지구 내에서는 조합설립인가 이후에 재건축아파트를 새로 취득하는 사람은 조합원이 될 수 없다. 즉 조합설립인가 이후에는 분양권전매가 금지되는 것이다. 이를 어기는 경우 3년 이하의 징역 또는 3천만원(주) 이하의 벌금에 처한다.

(주) 위반행위로 인한 이익의 3배가 3천만원 초과시에는 3배에 해당하는 금액

이론정리 및 심화학습

작은사례 1

만일 김강혁씨가 조합설립인가 후 갑자기 사망하여 김강혁씨의 아들이 상속받는 경우에는 어떻게 될까?

➜ 상속이나 이혼으로 인해 재건축 아파트를 취득하는 경우에는 해당되지 않는다. 따라서 아들이 조합원의 지위를 상속받을수 있다. 이혼의 위자료로 재건축아파트를 넘긴 경우에도 마찬가지이다.

작은사례 2

만일 이러한 분양권전매금지를 규정한 법(도시 및 주거환경정비법)의 시행 전에 이미 조합설립인가를 받은 경우에는 어떻게 될까?

➜ 법시행 전 이미 조합설립인가를 받은 경우에는 1회에 한해 전매가 가능(법시행전 조합원의 지위를 취득한 자에 한함)하다. 하지만 이를 매입한 사람은 전매가 불가능하다.

작은사례 3

김강혁씨는 만일 자신이 정말 피치 못할 사정이 있어 재건축아파트의 분양권을 양도하는 경우에도 예외가 없는지 문의하고 있다.

➜ 예외규정이 있다. 아래에 해당하는 경우 분양권을 전매할 수 있다.

분양권전매의 예외적 허용

① 세대원이 근무 또는 생업상의 사정이나 질병치료·취학·결혼으로 인하여 세대원 전원이 다른 광역시, 특별자치시, 특별자치도, 시 또는

군(광역시 관할 구역 제외)으로 이전하는 경우(수도권으로 이전하는 경우 제외)
② 상속으로 취득한 주택으로 세대원 전원이 이전하는 경우
③ 세대원 전원이 해외로 이주하거나 2년 이상의 기간 동안 해외에 체류하고자 하는 경우
④ 이혼으로 인하여 입주자로 선정된 지위 또는 주택을 그 배우자에게 이전하는 경우
⑤ 공익사업의 시행으로 주거용 건축물을 제공한 자가 사업시행자로부터 이주대책용 주택을 공급받은 경우로서 시장·군수·구청장이 확인하는 경우
⑥ 국가·지방자치단체 및 금융기관에 대한 채무를 이행하지 못하여 주택에 대한 경매 또는 공매가 시행되는 경우
⑦ 입주자로 선정된 지위 또는 주택의 일부를 그 배우자에게 증여하는 경우
⑧ 실직·파산 또는 신용불량으로 경제적 어려움이 발생한 경우

CASE 7 입주권의 양도

사례연구 김남수, 이진형 두 사람은 절친한 고등학교 동창이다. 재테크에 뛰어난 김남수씨는 장차 재건축될 가능성이 높은 연립주택을 구입하여 거주하였다. 그리고 1년 후 김남수씨의 적극적인 추천에 힘입어 이진형씨도 같은 연립주택을 구입하여 거주하였다. 이진형씨가 거주한지 1년 6개월이 지나자 드디어 재건축이 시작되었고 재건축 공사기간은 2년으로 예상하고 있다.

재건축공사가 시작된 지 1년 후 이들은 공교롭게도 비슷한 시기에 돈이 필요하게 되어 각자 갖고 있던 입주권을 매각하려고 하고 있다. 이들이 투자한 아파트는 투기과열지구 내의 재건축아파트가 아니기 때문에 전매를 할 수 있다. 이런 경우 이 입주권 양도에 대한 세금은 어떻게 되는지 대해 궁금해하고 있다. 특히 이진형씨는 자신의 경우에는 재건축시작까지는 1년 6개월을 거주했고 양도하려는 시점까지는 2년 6개월을 보유했는데 비과세가 되는지 문의하고 있다.

조언방향 김남수씨가 양도하는 입주권은 양도소득세가 비과세된다. 그러나 이진형씨가 양도하는 입주권에 대해 양도소득세가 과세된다. 아래 심화학습에서 자세히 정리해 보도록 하자.

이론정리 및 심화학습

1. 김남수씨의 경우

입주권이란 엄격한 의미에서 보면 세법상 주택이 아닌 부동산을 취득할 수 있는 권리이다. 하지만 도시 및 주거환경정비법에 의한 재건축아파트의 조합원의 경우 사업계획승인일(또는 철거일)현재 1세대 1주택 비과세 요건을 갖춘 자가 입주권을 양도하는 경우에는 1세대 1주택의 양도로 보아 양도소득세를 비과세한다. 따라서 김남수씨의 입주권 양도는 비과세에 해당된다.

작은사례 1

만일 김남수씨가 입주권 양도시 다른 주택(1주택)을 보유하고 있는 경우에는 어떻게 될까?

➔ 다른주택을 보유하고 있는 경우에는 입주권의 양도시 비과세되지 않고 부동산을 취득할 수 있는 권리의 양도로 보아 양도소득세를 과세(주)한다.

만일 입주권을 양도하지 않고 다른 주택을 먼저 양도하는 경우에는 1세대 2주택자의 양도로 보아 과세하기 때문에 매우 유의해야 한다.

(주) 만일 사업계획승인일(또는 철거일) 이후 다른 주택을 구입한 경우에는 그 주택취득 후 2년 이내에 입주권을 양도하면 비과세가 된다.

2. 이진형씨의 경우

이진형씨는 사업계획 승인일(또는 철거일) 현재 보유기간이 2년이 되지 않았기 때문에 입주권을 양도하면 부동산을 취득할 수 있는 권리의 양도로 보아 양도소득세가 과세된다.

NOTE 1
조합원입주권(조합원으로부터 취득한 것은 제외)도 장기보유특별공제 대상이 될 수 있다.

NOTE 2
투기목적의 입주권(분양권)의 전매를 규제하기 위하여 조정대상지역(주택법에 의해 국토교통부 장관이 지정·공고) 내 주택의 입주자로 선정된 권리의 양도시에는 보유기간과 상관없이 50%를 세율로 과세한다.

주택소멸 후 양도한 경우

사례연구 건축한지 30년이 넘은 자신의 주택이 재개발이나 재건축이 여의치 않자 차라리 자신이 주택을 철거 후 다시 지으려는 최담수(이 집 이외에 다른 주택 없음)씨는 올해 6월 집을 헐었다. 그리고 재건축자금이 부족하여 차일피일 미루고 있는데 옆집주인이 그러지 말고 자신에게 양도할 것을 부탁하고 있다. 옆집주인은 최담수씨의 집을 사들여 자신의 집을 헐고 고급빌라를 건축하려는 계획이다. 과연 이런 경우 최담수씨의 양도소득세는 어떻게 될까?

조언방향 이런 경우에는 양도소득세가 비과세되지 않는다. 즉 지금 양도하게 되면 주택이 아니라 토지(나대지)로 보기 때문에 1세대 1주택 비과세규정이 적용되지 않는다. 그리고 앞의 사례의 입주권 양도에 대한 비과세규정은 도시 및 주거환경정비법에 의한 재개발 또는 재건축인 경우에만 적용되는 것이다. 따라서 최담수씨는 반드시 자신이 집을 건축한 후 양도해야만 비과세적용을 받을 수 있다.

재개발아파트 입주 후 기존주택의 양도

사례연구 강경동씨는 1년 전 주택을 구입하여 거주하던 중 재개발 중인 아파트 조합원입주권을 취득하였다. 이 아파트는 20개월 후에 완공예정이며 강경동씨는 완공이 되면 입주하려고 한다. 그런데 아파트가 완공되면 자신의 경우 1세대 2주택이 되어 부담스럽고 완공 전 기존주택을 양도하자니 보유기간이 2년이 되지 않아 비과세혜택을 받지 못할 것 같아서 고민이다. 이런 경우 강경동씨는 어떤 의사결정을 하는 것이 유리할까?

조언방향 좋은 방법이 있다. 강경동씨의 경우에는 조합원입주권 취득 후 3년 이내에 기존주택을 양도하면 비과세혜택을 받을 수 있다.

아래의 심화학습에서 자세히 살펴보자.

이론정리 및 심화학습

일시적 1세대 2주택에 대한 비과세특례

일반적으로 양도시 1세대 1주택으로서 2년 보유(조정대상지역 2년 거주)한 주택은 양도소득세를 비과세한다. 그러나 기존주택 구입 후 1년 이상 지난 후 이사를 위해서 먼저 이사갈 집을 구입한 경우에는 그 집을 취득한 후 3년 이내에 기존주택을 양도하면 1세대 1주택으로 보아 비과세하는 특례규정이 있다.

위의 경우 기존 집을 보유하다가 이사갈 집을 입주권의 형태로 구입했는데 그 이사갈 집(입주권)의 취득 후 3년이 내에 기존 집을 양도하게 되면 양도시점에서 2년 이상 보유했으므로 비과세혜택을 받을 수 있다.

따라서 강경동씨는 지금부터 1년을 더 기다려 기존주택의 보유기간을 2년 이상이 되게 한 후 양도하면 비과세혜택을 받을 수 있다.

작은사례 1

만일 위의 사례에서 강경동씨가 입주권의 취득시점에서 기존의 1주택이 4년간 거주한 주택인 경우에는 어떻게 달라질까?

➜ 그런 경우에는 입주권을 취득한 시점에서 3년이 되는 시점까지 아무 때나 양도하여도 기존주택은 1세대 1주택으로서 양도소득세가 비과세된다.

작은사례 2

이러한 조언에 강경동씨는 입주권 취득 후 3년 이내에 기존 집을 양도하려 했으나 재건축공사기간이 늦어지는 등 예기치 않은 문제로 3년이 지나버렸다. 이런 경우에는 무조건 비과세가 배제될까?

➜ 국내에서 1주택을 소유한 1세대가 조합원입주권을 취득한 경우 그 조합원입주권을 취득한날로부터 3년이 지나 기존주택을 양도한 경우에도 다음의 요건을 모두 갖추면 비과세대상이 된다.

① 관리처분계획에 의해 취득하는 주택 완성 후 2년 이내에 그 주택에 세대 전원이 이사하여 1년 이상 계속하여 거주할 것
② 관리처분계획에 따라 취득한 주택이 완성된 후 2년 이내에 기존주택을 양도할 것

재건축공사 중 취득한 주택

사례연구 나열수씨는 2년간 거주하던 연립주택이 재건축되어 2년간의 공사기간 후 재건축아파트가 완성되었다. 그런데 나열수씨는 재건축아파트가 완공되기 2달 전 일반아파트를 한 채 구입하였는데 재건축아파트가 완공이 되면 양도하고 자신은 일반아파트에서 거주할 생각에서다. 그런데 자신과 같은 경우 아파트의 취득시기를 언제로 보는지 불안해하고 있다. 만일 취득시기를 일반아파트, 재건축아파트의 순서로 본다면 신축된 재건축아파트를 먼저 양도할 경우 1세대 2주택이 되어 비과세가 되지 않는다고 생각하고 있다.

조언방향 예전에는 위와 같은 경우 과세관청에서 취득시기를 일반아파트, 재건축아파트 순으로 본 적도 있지만 현재에는 재건축아파트의 완공이 나중이라고 해도 취득순서를 재건축아파트, 일반아파트 순으로 보고 있다. 따라서 나열수씨는 일반아파트구입 후 3년 이내에 재건축아파트를 양도하면 이사를 위한 1세대 2주택 특례규정에 의해 비과세혜택을 받을 수 있다.

이론정리 및 심화학습

NOTE 상속 조합원입주권

상속받은 조합원입주권과 일반주택(상속개시일전 2년 이내에 상속인으로부터 증여받은 주택 제외)을 1채씩 보유한 1세대가 일반주택을 양도한 경우 1주택을 소유한 것으로 보아 비과세 규정을 적용한다.

재건축아파트와 일반주택의 양도시기 선택

사례연구 정명수씨가 연립주택을 구입한지 1년 후 재건축이 시작되었으며 공사기간은 2년으로 예정되어 있다. 그런데 재건축공사가 완성되기 6개월 전 좋은 조건의 주택이 매물로 나와 일반주택을 구입하였다. 그리고 6개월 후 재건축아파트가 완성되었다. 정명수씨는 재건축아파트보다 일반주택이 더 좋아 재건축아파트를 한 2년 정도 전세를 주다가 가격이 오르면 매각할 예정이다. 정명수씨는 어차피 1세대 2주택이어서 비과세혜택은 없다고 생각하고 있다. 과연 그럴까?

조언방향 그렇지 않다. 이사갈 집을 구입 후 3년 이내에 기존주택을 양도하는 경우 1세대 1주택 비과세규정이 적용되는 것을 기억해보자. 즉 재건축아파트가 사실상 먼저 구입한 것이므로 일반주택 구입 후 3년 이내 즉 완공 후 2년 6개월 이내에 신규재건축아파트를 매각하면 1세대 1주택으로 보아 비과세혜택을 받을 수 있다.

재개발조합에서 청산금을 받은 경우

사례연구 김삼돌씨 소유의 단독주택이 이번에 아파트단지로 재개발이 예정되었다. 자신의 단독주택이 다른 이웃주택에 비해 토지지분이 매우 큰 김삼돌씨는 재개발조합으로부터 자신의 토지대가로 새로운 아파트를 취득할 수 있는 입주권외에 청산금으로 1억원을 받았다. 이런 경우 청산금으로 받은 1억원에 대해서 양도소득세가 과세되는지에 대해 궁금해하고 있다.

조언방향 새로운 아파트를 취득할 수 있는 권리 외에 받은 청산금에 대해서는 양도소득세가 과세된다.

재개발·재건축아파트와 세금

1. 재건축주택의 보유기간 계산

도시 및 주거환경정비법에 의한 재건축주택의 경우에는 보유기간 계산 시 종전주택의 보유기간과 재건축공사기간을 통산한다. 이러한 보유기간의 통산은 도시 및 주거환경정비법에 의한 재개발아파트의 공사기간도 마찬가지이다.

2. 일반재건축의 보유기간 계산

재건축공사기간이 보유기간에 포함되는 경우는 도시 및 주거환경정비법에 의해 재건축·재개발되는 경우에 한한다. 개인적으로 재건축하는 일반재건축의 경우에는 재건축의 공사기간은 보유기간에 포함하지 아니하고 다만 재건축전의 보유기간을 통산한다.

3. 재건축공사 중 취득한 주택

재건축사업 시행 중에 다른 주택을 취득하여 1년 이상 거주하다가 완성된 후 2년 이내에 재건축아파트로 세대전원이 이사함에 따라 다른 주택을 양도하는 경우에는 비과세한다.

4. 분양권전매금지

투기과열지구 내에서는 조합설립인가 이후 재건축아파트를 새로 취득하는 사람은 조합원이 될 수 없다. 이를 어기는 경우 3년 이하의 징역 또는 3천만원 이하(위반행위 이익의 3배가 3천만원 초과시에는 3배에 해당하는 금액)의 벌금에 처한다.

5. 입주권의 양도

입주권이란 세법상 주택이 아닌 부동산을 취득할 수 있는 권리이다. 하지만 도시 및 주거환경정비법에 의한 재건축아파트의 조합원은 사업계획승인일(또는 철거일)현재 1세대 1주택 비과세요건을 갖춘 자가 입주권을 양도하는 경우(양도일 현재 다른 주택이 없어야 함)에는 1세대 1주택으로 보아 양도소득세를 비과세한다.

06

주택의 임대와 임대차보호법

주택을 임대하고 임대료를 받는 경우 소득세가 과세될까? 만일 과세된다면 상가의 임대와 똑같이 취급하여 과세를 할까? 주택의 임대와 상가의 임대는 어떻게 다를까? 또한 임대주택사업자로 등록한 경우에는 어떠한 혜택이 있으며 서민들에게 가장 중요한 주택의 임대보증금(전세금)을 지켜주는 주택임대차보호법에 대해서도 알아보자. 어떻게 하면 주택이 경매에 넘어간 경우에도 전세금을 지킬 수 있을까? 이러한 전세금의 금액이 적은 경우에는 국세보다도 더 우선할 수 있을까? 이러한 의문에 대해 사례를 통해 알아보자.

주택임대소득 비과세

사례연구 전업주부인 김하나여사는 상계동에 위치한 종합병원 의사로 근무하는 남편 정삼수씨의 명의로 된 40평(전용면적 33평)의 연우아파트에 살고 있다. 그리고 오랫동안 열심히 저축한 정기예금 만기가 되자 같은 동네에 40평형 아파트를 자신의 명의로 구입하고 보증금 5천만원에 월세 50만원으로 세를 주고 있다. 그런데 다음해 5월이 되자 김하나여사는 자신처럼 주택임대소득이 있는 경우 세무서에 부동산임대소득으로 종합신고를 해야 하는지 거래은행의 PB인 고연우씨에게 문의하고 있다.

조언방향 현행 세법에 의하면 1채 이하의 주택(고가주택 제외)을 소유한 자의 주택임대소득에 대해서만 소득세를 과세하지 않는다. 따라서 김하나여사는 세무서에 주택임대소득에 대해 신고하지 않아도 된다.

CASE 2. 3채 보유자의 주택임대소득

사례연구 앞의 사례의 김하나씨가 이런 사실을 동창생들에게 말하자 동창생 나사희여사는 자신은 서울에 국민주택규모이하인 주택 3채를 보유 중인데 어떻게 되는지 궁금해하고 있다.

조언방향 2주택 이상 보유자(또는 1채의 고가주택 보유자)는 비과세되지 않는다. 다만 주택임대 총수입금액이 2,000만원 이하인 소규모 주택임대사업자는 종합과세되지 않고 분리과세한다.

이론정리 및 심화학습

작은사례 1

나사희여사가 주택을 월세로 준 경우 월임대료에 대해서 부가가치세는 어떻게 될까?

➜ 상가의 임대료는 부가가치세 과세대상이지만 주택의 임대는 부가가치세 과세대상이 아니다. 따라서 주택임대료에 대한 부가가치세를 임차인에게 받지 않아도 된다.

작은사례 2

만일 나사희여사가 주택을 월세가 아닌 전세로 임대 준 경우에는 어떻게 될까?

➡ 주택 임대시 월세를 받지 않고 전세로 보증금만 받는 경우에는 다음에 해당하면 간주임대료를 계산한다.

(1) 간주임대료 계산대상자

3주택(주1) 이상 보유자 중 전세보증금 합계가 3억원을 초과한 자

(주1) 40㎡ 이하면서 기준시가 2억원 이하인 소형주택 제외(2026년까지)
(주2) 2026년부터 12억원 초과하는 고가주택 2주택 소유자가 주택을 임대하고 받은 임대보증금이 12억원을 초과하는 경우 간주임대료 과세대상이다.

(2) 과세방법

(3억원 초과보증금 × 60%) × 정기예금이자율(주) - 임대사업부분에서 발생한 금융소득

(주) 기획재정부령으로 정하는 이자율을 말한다.

[상가와 주택임대소득의 비교]

구 분	부가가치세	부동산임대소득	임대보증금
상가임대	과 세	과 세	간주임대료 계산하여 과세
주택임대	면 세	과 세	간주임대료 계산하는 경우 있음

3 CASE 고가주택을 임대해준 경우

사례연구 얼마 전 강남의 아파트를 15억원(기준시가 13억 2천만원)에 구입한 나대출씨는 아파트 구입시 무리한 대출로 인해 매달 들어가는 은행이자가 너무 부담스럽다. 그래서 생각다 못해 자신의 강남아파트를 보증금 1억원, 월세 120만원에 세를 주고 자신은 보증금 1억원으로 조그만 아파트에 전세를 얻을 예정이다. 이런 경우 나대출씨는 자신의 경우에는 1주택뿐이므로 임대소득에 대해서 소득세가 과세되지 않을 것이라고 확신하고 있다.

조언방향 고가주택의 경우에는 1주택만 소유하고 있는 경우에도 이를 임대에 사용하면 임대소득에 대해 소득세를 부담해야 한다. 이때 고가주택은 실거래가액이 12억원 초과하는 것을 말하는 것이 아니라 과세기간 종료일 현재 기준시가가 12억원을 초과하는 것을 의미한다.

다가구임대와 세금

> **사례연구** 임대수씨는 기존에 거주하고 있는 주택 1채가 있다. 그런데 이번에 임대수씨는 다가구주택을 구입한 후 임대를 주려고 하는데 임대시 다가구주택을 1채로 보는지 아니면 각 가구별로 임대한 것으로 보는지 궁금해하고 있다.
>
> **조언방향** 다가주주택은 1개의 주택으로 보되 구분 등기된 경우에는 각각을 1개의 주택으로 계산한다.

이론정리 및 심화학습

∷ 공동소유 주택을 임대주는 경우

공동소유주택의 경우는 지분율이 큰 사람의 임대주택으로 계산한다. 지분이 가장 큰 자가 2인 이상인 경우에는 각각의 소유로 계산하나 만일 그들이 합의하여 그들 중 1인을 당해 주택의 임대수입의 귀속자로 정한 경우에는 그의 소유로 계산한다.

CASE 5 임대주택사업자등록

사례연구 1세대 1주택을 5년 이상 보유(거주)한 임주책씨는 이번에 소형아파트를 구입하여 임대사업을 하려고 하고 있다. 임주책씨는 소형아파트를 구입 후 자신이 부담해야 하는 세금이 어떻게 되는지와 나중에 자신의 집을 팔 때 혹시 1세대 다주택이 되어 양도소득세 비과세 혜택이 없는 것은 아닌지 걱정하고 있다.
그리고 임대사업을 하는 경우 세무서에 임대사업자등록은 어떻게 해야 하는 지에 대해서도 문의하고 있다.

조언방향 임대주택사업자등록에 대한 세법상의 규정과 민간임대주택에 관한 특별법상 규정은 아래의 심화학습에서 자세히 살펴보자.

이론정리 및 심화학습

사업자등록

(1) 세법에 의한 사업자등록

소득세(부동산임대소득)과세대상인 주택임대사업자는 본인의 거주지 세무서나 임대주택 관할세무서에 임대개시일로부터 20일 이내에 임대사업자등록신청을 해야 한다.

(2) 민간임대주택에 관한 특별법에 의한 시·군·구청에 등록

세무서에 사업자등록을 한 것 이외에 민간임대주택에 관한 특별법에 의해 등록하고자 하는 자는 자신의 거주지 구청(또는 시청·군청)의 주택과에 임대사업자등록을 할 수 있다.

[주택임대사업자의 등록]

구 분	등 록 규 정	선 택 여 부
세무서	세법에 의한 사업자등록	강제사항
시·군·구청	민간임대주택에 관한 특별법에 의한 사업자등록(주)	선택사항(주)

(주) 민간임대주택에 관한 특별법에 따르면 매매등에 의해 소유권을 취득한 임대주택을 일반형 임대사업자가 1호 이상 취득하는 경우에는 시·군·구에 임대사업자등록을 할 수 있다. 이 경우 4년 이상 임대를 주어야 한다.

NOTE 소형임대사업자 세액감면(조특법 96조)

2025년까지 1호 이상의 소형임대주택(국민주택규모이하로 임대개시일 당시 기준시가 6억원 이하)의 임대소득에 대해 감면(주)한다. 만일 의무임대기간(4년, 장기일반민간임대주택은 10년)을 충족하지 못하면 감면세금을 납부해야 한다.

(주) 임대주택 1호 임대시 30%(장기일반민간주택은 75%)
　　임대주택 2호 이상 임대시 20%(장기일반민간주택은 50%)

주택임대차보호법

> **사례연구** IMF때 자영업을 하다 거의 모든 재산을 날린 김정수씨는 그동안 월세로 집을 얻어 어렵게 생활하다 이번에 모은 돈으로 전셋집(5천만원)을 마련하고자 한다. 그런데 전세금이 전 재산인 김정수씨는 혹시 이 전세금을 집주인의 사업부진 등으로 받지 못하게 될까 걱정하고 있다. 부동산중개사 사무실에서는 주택임대차보호법에 의해 전세금이 보호될 것이라고 말하고 있다. 과연 그럴까?
>
> **조언방향** 보호받을 수 있다. 왜냐하면 주택임대차보호법에서 주거용 건물의 보증금에 대해 보호해주고 있기 때문이다.

이론정리 및 심화학습

주택임대차보호법

주택의 전세보증금도 원칙적인 대항력을 가지려면 등기를 해야 한다. 그러나 주택임대차보호법에서는 임대차의 경우에는 등기가 없는 경우에도 임차인이 주택의 입주와 주민등록전입을 마친 경우에는 그 다음날부터 제3자에 대해 효력이 생긴다.

(1) 보증금의 우선순위

주택임대차보호법에서 보호하는 보증금은 다른 채무에 대해 무조건 우선순위를 인정하는 것이 아니라 우선순위에 있어 일정한 요건을 갖추어야 그 후에 설정된 저당권, 전세권 등에 앞서 우선 순위를 인정받을 수 있다. 따라서 주택을 임차할 때에는 반드시 그 주택에 저당권 등의 제한물권이 있는지 확인해야 한다.

(2) 대항요건

주택임차인이 대항력을 가지려면 우선 임대주택의 거주와 주민등록전입이라는 요건을 갖추어야 한다. 이 두 가지 요건이 갖추어지지 않으면 대항력을 상실한다.

(3) 확정일자

그리고 주민등록전입과 동시에 반드시 주택임대차계약서상에 확정일자를 받아두어야 한다. 그래야만 그 날짜 이후에 설정된 후순위 담보채권이나 기타채권보다 우선하여 보증금의 변제를 받을 수 있다. 이러한 확정일자는 동주민센터나 등기소 또는 법무법인의 공증사무실에서 받을 수 있다.

주택이 경매되는 경우

사례연구 김정수씨는 이러한 조언에 안심하고 5천만원에 전세를 들었다. 그리고 물론 임대차계약서에 확정일자도 받아두었다. 그런데 2년 후 계약이 끝나갈 무렵 집주인의 사업부도로 임대주택이 경매에 넘어갔다. 하지만 김정수씨는 확정일자를 받아두었고 자신보다 선순위인 채권자도 없어 안심하고 있다. 그런데 자신이 경매가 끝날 때까지 반드시 그 집에 거주하여야 하는지에 대해 궁금해하고 있다. 만일 괜찮다면 아이들의 중학교배정을 위해 이사갈 곳으로 우선 주민등록을 옮길 예정이다.

조언방향 안 된다. 김정수씨는 임차주택의 경매시 경락기일까지 거주를 옮기거나 주민등록을 전입하게 되면 대항력을 상실한다.

이론정리 및 심화학습

⋮ 대항력의 존속요건

주택임대차보호법상의 보호를 받기 위한 요건인 주민등록과 주택의 점유는 취득시점에서만 완료하면 되는 것이 아니라 계속 존속하고 있어야 한다.

따라서 주택의 거주와 주민등록은 경매 중이라고 하더라도 반드시 계속적으로 유지하여야 한다.

현실적으로 주택의 거주(점유)여부는 경매시점에서 입증하는 것이 쉽지 않기 때문에 주민등록의 유지여부가 쟁점이 되는 경우가 많으니 특히 주민등록을 옮기지 않아야 한다.

작은사례

만일 김정수씨가 이것을 모르고 일단 주민등록을 옮겼다가 놀라서 다시 전입한 경우에는 어떻게 될까?

➔ 주민등록을 일단 다른 곳으로 옮긴 경우에는 대항요건을 상실한다. 그리고 다른 곳으로 옮긴 후 다시 전입하는 경우에는 전의 대항력은 소멸하고 재전입한 때부터 새로운 대항력이 발생하게 된다.

그러나 임차인이 가족과 함께 주택에 대한 점유를 계속하고 있으면서 그 가족의 주민등록은 놔두고 자신(임차인)의 주민등록만 일시적으로 다른 곳에 옮긴 경우에는 전체적인 주민등록의 이탈이라고 보지 않는 대법원판례도 있다.

8 CASE 최우선변제권이 인정되는 경우

사례연구 김정수씨의 친구인 나경민씨는 인천시에서 4천만원짜리 전세를 살고 있다. 물론 나경민씨도 임대차계약서의 확정일자를 받았으나 주인집이 경매에 넘어가면서 자신보다 우선순위의 은행 근저당 1억원이 있는 것을 알았다. 그리고 확정일자 전에 납세의무가 확정된 소득세 3천만원도 체납되어 있었다는 사실을 알게 되었다. 나경민씨는 그 집은 경매해봐야 1억원도 안되는데 자신은 아무것도 받을 수 없게 되어 길거리에 나갈 수밖에 없다며 분통을 터트리고 있다.

조언방향 물론 원칙적으로 나경민씨는 후순위이지만 소액보증금으로 일정액미만인 경우에는 최우선적으로 변제받을 수 있는 권리가 있다. 따라서 나경민씨는 전액은 아니더라도 일정금액을 변제받을 수 있다.

심화학습에서 자세히 살펴보자.

이론정리 및 심화학습

∷ 우선변제권

임차인의 소액보증금 중에는 다른 모든 채권에 우선하여 변제받을 수 있는 우선변제권이 있다.

주택임대차보호법 시행령 10조 및 11조에 의하면 우선변제권이 있는 임차인의 범위는 다음과 같다.

구 분	서울특별시	과밀억제권역, 세종시, 용인시 및 화성시	광역시, 안산시, 김포시, 광주시 및 파주시	그 외지역
보증금의 규모	1억 6,500만원 이하	1억 4,500만원 이하	8,500만원 이하	7,500만원 이하
우선변제 금액(주)	5,500만원 이하	4,800만원 이하	2,800만원 이하	2,500만원 이하

(주) 이러한 우선변제 보증금은 당해 주택가액의 1/2을 한도로 한다.

따라서 나경민씨는 보증금이 4천만원인데 인천광역시(과밀억제권역)이므로 주택임대차보호법상의 대상이 되어 4,000만원을 우선변제받을 수 있다. 물론 이러한 우선변제권은 상대채무가 국세나 지방세 체납인 경우에도 우선한다.

작은사례

그렇다면 전세를 얻는 경우에 전세금을 지킬 수 있는 방법은 확정일자 외에 어떤 방법이 있을까?

→ 가장 안전한 방법으로는 전세권설정등기가 있다. 이렇게 하면 전세권설정등기 후 일어나는 채무관계에 있어 우선권이 있기 때문이다. 그러나 전세를 주는 사람이 전세권설정등기요구에 난색을 표하는 것이 일반적이어서 현실적으로 쉽지 않다.

NOTE 1

집주인이 전세보증금을 월세로 전환하는 경우 전환하는 금액에 대해 이 법에서 정한 비율을 곱한 금액을 초과하는 월세를 받을 수 없다.

NOTE 2

전세보증금이나 월세를 증액하는 경우 연간 5%이상을 초과할 수 없다.

국세우선권의 제한

사례연구 임달경씨는 친구인 이석순씨에게 3억원의 사업자금을 대여한 후에 그의 사업이 어렵게 되자 1년 후 이석순씨의 주택에 대해 저당권을 설정하였다. 그리고 얼마 후 이석순씨의 사업이 망해서 사업소득세를 납부하지 못하자 세무서에서 이석순씨의 건물을 압류하였다. 이런 경우 이석순씨는 자신이 저당권을 설정했기 때문에 체납국세보다 우선권이 있다고 믿고 있다. 과연 그럴까?

조언방향 그렇다. 임달경씨가 저당권을 설정한 시기가 국세의 법정기일 전에 행해졌다고 인정되면 국세보다 우선하여 변제를 받을 수 있다.

이론정리 및 심화학습

1. 국세우선권의 원칙
국세가 일반채무에 대해 우선하는 것이 일반적이다. 하지만 다음의 경우에는 일반채무가 국세에 우선할 수 있다.

2. 국세우선권의 배제

국세의 법정기일 전에 전세권·질권·저당권의 설정이 등기, 등록한 사실이 부동산 등기사항전부증명서, 공증인의 증명 등에 의해 입증되는 경우 국세 및 강제징수비보다 변제의 우선권을 갖는다.

작은사례

만일 국세보다 먼저 설정된 저당권과 주택임대차보호법상의 최우선변제 대상인 소액보증금, 사업장과 관련하여 종업원에게 지급하지 못한 임금과 퇴직금이 있다면 우선 순위는 어떻게 될까?

➜ 우선 순위는 다음과 같다.
① 최우선변제대상 소액주택임대보증금과 최종 3개월간의 임금, 최종 3년간의 퇴직금 및 재해보상금
② 저당권에 의해 담보된 채권
③ 최종 3월분 이외의 임금 및 기타근로관계 채권
④ 국세

주택에 대해 부과된 세금

사례연구 은행지점의 대리로 열심히 근무하고 있는 김만수씨는 얼마 전 고객에게 주택 담보대출을 해주었다. 그리고 대출당시 주택의 등기부등본상에는 확실히 고객의 명의로 되어 있는 것을 확인하고 또 자신의 은행 이외에는 어떤 담보로도 제공되어 있지 않다는 것도 확인하였다. 그러던 어느 날 고객이 세금을 체납하여 주택을 압류당했다는 사실을 알게 되었다. 하지만 국세법정기일 전에 설정한 저당권이 있는 경우에는 그 채권이 국세보다 앞선다는 사실을 알고 있는 김만수씨는 다행으로 생각하고 있다. 혹시나 하여 체납된 국세를 알아보니 그 주택은 원래 고객 아버님의 주택이었는데 2년 전 증여를 받은 것으로 증여세를 내지 않았다는 것이었다. 과연 은행채권이 우선할까?

조언방향 그렇지 않다. 이런 경우에는 증여세 체납액을 징수하는 것이 더 앞선다. 왜냐하면 일반적으로는 국세보다 먼저 담보가 설정된 채권이 있으면 국세보다 선순위가 맞지만 이처럼 그 재산에 직접 부과된 국세는 저당권에 앞서기 때문이다.

이론정리 및 심화학습

작은사례 1

만일 은행고객이 그 주택에 대한 증여세가 아니라 본인의 개인소득세를 체납하여 주택이 압류된 경우라면 어떻게 될까?

→ 그런 경우라면 당연히 은행채권이 국세에 우선한다. 위에서 살펴본 것처럼 예외적으로 국세가 우선하는 경우에는 그 재산에 부과된 국세(상속세, 증여세 등)만을 의미하기 때문이다.

작은사례 2

만일 같은 물건인 주택에 대해 국세와 지방세가 경합을 벌이면 누가 우선할까?

→ 국세와 지방세의 경우에는 동순위로 어떤 것도 우선하지 않는다. 따라서 국세와 지방세 중 먼저 압류하는 쪽이 우선하게 된다.

주택임대차기간

사례연구 김대수씨는 2년 전 다가구주택을 급히 임차하면서 보증금이 비싸 1년만 계약하고 싶었지만 집주인이 완강히 반대해 할 수 없이 2년으로 계약하였다. 그리고 임차기간동안 열심히 일해서 번 돈으로 작은 아파트를 분양받아 이번에 입주하려고 한다. 그래서 임차기간이 끝나자마자 자신은 이사갈 테니 집주인에게 전세금의 반환을 요구하고 있다. 그러자 임대인은 임대차 만료기간 전 1월까지 자신에게 통지하지 않았으므로 법에 따라 동일한 임대차조건으로 다시 임대한 것으로 보겠다고 우기고 있다. 과연 이런 경우 김대수씨는 다른 방법이 없을까?

조언방향 우선 집주인의 말도 일리가 있다. 그러나 이러한 묵시적 갱신의 경우 임차인은 언제든지 임대인에 대해 계약해지의 통지를 할 수 있으며 이러한 해지는 임대인이 그 통지를 받은 날로부터 3월이 경과하면 그 효력이 발생한다.

이론정리 및 심화학습

1. 임대차기간

기간의 정함이 없거나 기간이 2년 미만인 경우에는 그 기간을 2년으로 본다. 다만 계약기간을 2년 미만으로 정한 경우 임차인은 그 기간이 유효함을 주장할 수 있다.

2. 계약기간의 연장

임대인이 임대차기간 만료 전 6월에서 2월까지 임차인에게 재계약거절의 뜻을 통지하지 않거나 임차인이 만료 전 2월까지 통지하지 않은 경우에는 동일한 조건으로 다시 임대차한 것으로 본다. 하지만 이러한 묵시적 갱신의 경우에는 임차인은 언제든지 해지를 통보할 수 있으며 이후 3월이 경과하면 효력이 발생한다.

12 CASE 임차권등기명령

> **사례연구** 이러한 조언에 김대수씨는 집주인에게 계약을 해지할 것을 통보하였다. 그러나 집주인은 전세보증금의 반환을 여러 가지 이유를 대면서 미루고 있다. 김대수씨는 분양받은 아파트에 입주해야 하는데 이런 경우 어떻게 해야 하는지 걱정하고 있다. 지금 이사를 가면 전세보증금을 받지 못하는 경우가 생길 것을 우려하고 있다.
>
> **조언방향** 이런 경우에는 임차권등기명령절차에 의해 임차권등기를 한 후에 자신의 분양받은 아파트로 이사해야 전세보증금을 안전하게 지킬 수 있다.

이론정리 및 심화학습

1. 임차권등기명령

임차권등기명령절차는 위의 사례와 같은 경우처럼 임대차기간이 종료 후 보증금을 반환받지 못한 임차인에게 단독으로 임차권 등기를 할 수 있게 해주는 것이다. 이에 따라 임차인은 자신의 보증금을 안전하게 지키고 자유롭게 주거의 이전을 할 수 있다.

2. 임차권등기절차

임차인이 법원(지방법원, 지방법원지원, 시·군 법원)에 임차권등기명령 신청을 하면 이유가 타당한 경우에는 임차권등기명령을 발령한다. 그러면 재판소 등본을 첨부하여 등기소에 이를 등기하면 된다. 이러한 절차를 마치게 되면 임차인은 주택의 점유와 주민등록등본의 요건을 상실하더라도 이미 취득한 대항력과 우선변제권이 유지되어 보증금을 안전하게 지킬 수 있다.

주택의 임대와 임대차보호법

1. 임대주택과 비과세

원칙적으로 1채 이하의 주택(고가주택 제외)을 소유한 자의 주택임대소득에 대해서 소득세를 과세하지 않는다.

2. 주택임대와 부가가치세

주택임대료는 일반적으로 부가가치세 과세대상이 아니나 간주임대료 계산대상이 되는 경우도 있다.

[상가와 주택임대소득의 비교]

구 분	부가가치세	부동산임대소득	임대보증금
상가임대	과 세	과 세	간주임대료 계산하여 과세
주택임대	면 세	과 세	간주임대료 계산하는 경우 있음

3. 고가주택의 임대

세법상 고가주택에 해당하는 경우에는 1채라도 임대소득에 대해 소득세를 과세한다. 그런데 이때 고가주택은 실거래가액이 12억원을 초과하는 것을 말하는 것이 아니라 기준시가가 12억원을 초과하는 주택을 의미한다.

4. 임대주택사업자등록

(1) 세무서에 사업자등록

소득세(부동산임대소득)과세대상인 주택임대사업자는 본인의 거주지 세무서나 임대주택 관할세무서에 임대개시일로부터 20일 이내에 임대사업자등록신청을 해야 한다.

(2) 민간임대주택법에 의한 시·군·구청에 등록

세무서에 사업자등록을 한 것 이외에 민간임대주택법에 의해 임대사업자로 등록하고자 하는 자는 자신의 거주지 구청(또는 시청·군청)의 주택과에 등록신청을 할 수 있다. 그리고 임대차기간 등의 임대조건을 임대차계약 체결일부터 3개월 이내에 임대주택 소재지 또는 임대사업자 주소지 관할 시장·군수·구청장에게 신고하여야 한다.

5. 주택임대차보호법

주택 전세보증금의 경우 원칙적인 대항력을 가지려면 등기를 해야 한다. 그러나 임대차보호법에서는 등기가 없는 경우에도 임대차 계약 후 임차인이 주택의 입주 및 주민등록전입시 임대차 계약서상에 확정일자를 받은 경우에는 그 다음날부터 제3자에 대해 대항력이 생긴다.

6. 최우선변제권이 인정되는 경우

주택임대차보호법에 의해 최우선 변제되는 주택임대보증금의 범위는 다음과 같다.

구 분	서울특별시	과밀억제권역, 세종시, 용인시 및 화성시	광역시, 안산시, 김포시, 광주시 및 파주시	그 외지역
보증금의 규모	1억 6,500만원 이하	1억 4,500만원 이하	8,500만원 이하	7,500만원 이하
우선변제 금액(주)	5,500만원 이하	4,800만원 이하	2,800만원 이하	2,500만원 이하

(주) 이러한 우선변제 보증금은 당해 주택가액의 1/2을 한도로 한다.

7. 주택임대차기간

기간의 정함이 없거나 기간이 2년 미만인 경우에는 그 기간을 2년으로 본다. 다만 계약기간을 2년 미만으로 정한 경우 임차인은 그 기간이 유효함을 주장할 수 있다. 그리고 임대인이 임대차기간 만료 전 6월에서 2월까지 임차인에게 재계약거절의 뜻을 통지하지 않거나 임차인이 만료 전 2월까지 통지하지 않은 경우에는 동일한 조건으로 다시 임대차한 것으로 본다. 하지만 이러한 묵시적 갱신의 경우 임차인은 언제든지 해지를 통보할 수 있으며 이후 3월이 경과하면 효력이 발생한다.

8. 임차권등기명령

임차권등기명령절차는 위의 사례와 같은 경우처럼 임대차기간이 종료 후 보증금을 반환받지 못한 임차인에게 단독으로 임차권 등기를 할 수 있게 해주는 것이다. 이에 따라 임차인은 자신의 보증금을 안전하게 지키고 자유롭게 주거의 이전을 할 수 있다.

07

종합부동산세와 재산세

정부에서는 부동산의 취득과 매각에 대해 세제강화와 더불어 부동산을 보유하고 있는 사람들에 대해서도 세제를 강화하고 있다. 부동산보유세의 대표적인 세금인 재산세와 종합부동산세에 대해 알아보자. 특히 종합부동산세의 과세기준과 세금의 계산방식을 살펴보고, 재산세의 과세표준이 지방세시가표준액에서 국세청기준시가로 개정된 내용에 대해서도 정리해 보도록 하자.

종합부동산세 과세대상

사례연구 그 동안 주식투자로 많은 재산을 형성한 나주식씨는 부동산에는 전혀 투자를 하지 않고 있으며 주택도 본인이 거주하고 있는 강남의 아파트 1채(132㎡)뿐이다. 나주식씨는 종합부동산세의 과세취지에 대해 찬성하는 입장이다. 부동산은 투기대상인 경우가 많기 때문에 종합부동산세를 통해서라도 부동산투기를 막아야 한다는 생각이다. 자신처럼 거주하는 아파트 1채만을 보유하고 있는 사람이 종합부동산세대상이 될 수 있다는 것은 전혀 예상하지 않고 있다. 다만 나주식씨는 자신의 주택에 대해 재산세가 많이 나올까봐 걱정이다. 모처럼 거래은행에 들른 나주식씨는 주택에 대한 재산세를 걱정하며 고연우씨에게 이에 대해 물어보고 있다.

조언방향 재산세 과세표준은 시가표준액에 공정시장가액비율을 곱한다. 그리고 주택이라고 하더라도 공시가격이 9억원(1세대 1주택은 12억원)을 초과하는 경우에는 종합부동산세 과세대상이 된다.

이론정리 및 심화학습

재산세

재산세는 토지, 건축물, 주택을 보유하고 있는 자에 대해 과세한다. 이러한 재산세의 과세표준은 시가표준액에 공정시장가액비율을 곱한 금액으로 한다.

재산세율

(1) 주택

과세표준	세 율(주)
6,000만원 이하	0.1%
6,000만원 초과 ~ 1억 5천만원 이하	0.15%
1억 5천만원 초과 ~ 3억원 이하	0.25%
3억원 초과	0.4%

(주) 시가표준액 9억원 이하인 1세대 1주택은 특례세율(0.05% ~ 0.35%)를 적용한다.

(2) 나대지(종합합산과세대상 토지)

과 세 표 준	세 율
5천만원 이하	0.2%
5천만원 초과 1억원 이하	0.3%
1억원 초과	0.5%

(3) 사업용건물의 부속토지(별도 합산과세대상 토지)

과 세 표 준	세 율
2억원 이하	0.2%
2억원 초과 10억원 이하	0.3%
10억원 초과	0.4%

2 CASE 토지분에 대한 재산세

사례연구 자신의 경우에도 종합부동산세 과세대상이 될 수 있다는 고연우씨의 조언에 나주식씨는 바짝 긴장하고 있다. 그리고는 자신처럼 1세대 1주택인 자에 대해서 종합부동산세를 과세한다는 것은 말도 되지 않는다면서 정부의 정책이 잘못되었다고 태도를 바꾸고 있다. 그러면서 자신의 아파트의 토지에 대한 종합토지세도 재산세처럼 많이 인상되었냐며 고연우씨에게 문의하고 있다.

조언방향 종합토지세는 2005년부터 폐지되어 재산세에 통합되었다. 따라서 주택 토지에 대한 종합토지세는 과세되지 않고 토지분에 대한 재산세가 과세된다.

이론정리 및 심화학습

⁝ 재산세 납세의무자

재산세 납세의무자는 매년 6월 1일 현재 재산세 과세물건을 소유하고 있는 자이다.

작은사례

만일 부동산 구입시 5월 30일에 잔금을 청산했다면 재산세 과세기준일 현재에는 단 하루만 보유한 것인데도 재산세를 납부해야 할까?

➡ 그렇다. 재산세는 보유기간에 대해서 내는 것이 아니라 과세기준일인 6월 1일 현재 시점에서 보유하고 있는 자에 대해 과세하는 세금이다.

재산세 납부기한

(1) 토지분에 대한 재산세

9월 16일 ~ 9월 30일

(2) 주택 이외의 건축물에 대한 재산세

7월 16일 ~ 7월 31일

(3) 주택에 대한 재산세

7월 16일 ~ 7월 31일 : 납부세액의 50%

9월 16일 ~ 9월 30일 : 납부세액의 50%

CASE 3 주택에 대한 종합부동산세

사례연구   나주식씨는 국토교통부 홈페이지(www.molit.go.kr)에서 자신의 아파트 공시가격이 13억원이라는 사실을 확인하고 나서는 흥분을 감추지 못하고 있다. 정말 예상하지 못했던 종합부동산세 과세대상이 된 나주식씨는 재산세도 무거워졌는데 종합부동산세까지 부담해야 한다는 사실에 안절부절 못하고 있다. 나주식씨는 바로 구청으로 찾아가 자신처럼 1주택인 사람에 대해 종합부동산세를 과세하는 것에 대해 강력히 항의하겠다고 고연우씨에게 불만을 털어 놓고 있다.

조언방향   재산세는 지방세이지만 종합부동산세는 공시가격이 9억원을 초과하는 주택에 대해 과세하는 국세이다. 따라서 종합부동산세는 국세청에서 과세하는 세금으로 지방세를 과세하는 구청과는 관계없는 세금이다. 그리고 이러한 종합부동산세는 1세대 1주택자인 경우에는 12억원을 차감하여 주기 때문에 나주식씨의 생각만큼 부담스럽지는 않다.

이론정리 및 심화학습

종합부동산세 과세표준(주택)

주택의 경우 종합부동산 과세표준은 국세청기준시가에서 9억원을 차감(주)(법인 제외)한 금액에 공정시장가액비율을 곱한 금액으로 한다.

(주) 1세대 1주택자인 경우에는 12억원

종합부동산세율

주택에 대한 종합부동산세율은 다음과 같다.

구분	세율
2주택 이하 보유	0.5% ~ 2.7%(누진세율)
3주택 이상 보유	0.5% ~ 5%(누진세율)

종합부동산세 계산

> 종합부동산 산출세액
> = (공시가격 - 9억원(주2)) × 공정시장가액비율 × 세율 - 부담한 재산세액(주3)

(주2) 1세대 1주택자는 12억원
(주3) 종합부동산세 과세대상자산에 대해 부과한 재산세액

장기보유 세액공제(1세대 1주택자로서 5년 이상 보유)

보유기간	공제율
5년 이상 10년 미만	20%
10년 이상 15년 미만	40%
15년 이상	50%

고령자 세액공제

만 60세 이상인 1세대 1주택에 대해서는 다음의 고령자 세액공제를 적용한다. (단, 장기보유세액공제와 합하여 최대 80% 한도 공제)

연령	공제율
만60세 이상 ~ 만65세 미만	20%
만65세 이상 ~ 만70세 미만	30%
만70세 이상	40%

NOTE 부부공동명의(1세대1주택)인 경우 다음 중 선택가능

① 부부 개인별로 각각 9억원씩의 기본공제(부부가 받는 총공제는 18억원)를 받고 각각 세액을 계산한다. 이 경우 장기보유세액공제와 고령자세액공제는 받을 수 없다.
② 부부 중 1명을 납세자로 하여 12억원의 기본공제를 받고 세액을 계산한다. 이 경우 장기보유세액공제와 고령자세액공제를 받을 수 있다.

종부세의 개인별 합산과세

사례연구 자신의 아파트에 대한 종합부동산세가 그렇게 많지는 않다는 말에 나주식씨는 안도하고 있다. 그런데 나주식씨는 이러한 주택에 대한 종합부동산세가 세대별로 합산과세되는지 아니면 개인별로 합산과세되는지 묻고 있다. 눈치로 보아선 나주식씨는 자신의 명의로 된 아파트만 1채이지 아내 명의로 된 다른 주택이 있는 것 같다.

조언방향 종합부동산세는 원칙적으로 개인별로 합산과세하기 때문에 부부간에 각자 주택을 보유하고 있어도 보유주택을 합산하지 않는다. 따라서 부부간에 개별명의로 부동산을 분산보유 하는 것은 종합부동산세 절감에 도움이 될 수도 있다. 즉 나주식씨가 고가주택 1채만을 배우자와 공동명의로 한 경우에는 주택공시가격이 18억원이 넘는 경우에만 종합부동산세 과세대상이 된다.(주)

(주) 1세대 1주택을 부부공동명의로 한 경우 그 중 1명을 납세자로 하여 신고할 수 있다.
(사례연구 3번 NOTE 참조)

토지에 대한 종합부동산세

사례연구 나주식씨의 친구인 부동만씨는 나주식씨와는 달리 거의 모든 재산을 부동산으로 보유하고 있는 사람이다. 부동만씨는 특히 서울 중심가에 대형 빌딩을 소유하고 있는데 자신과 같은 경우에는 어떻게 종합부동산세가 과세되는지에 대해 궁금해 하면서 나주식씨에게 소개받은 고연우씨에게 문의하고 있다.

조언방향 주택 이외의 토지(나대지인 비사업용토지)에 대한 종합부동산세는 공시가격이 5억원을 초과하는 부분에 대해서 과세된다. 그리고 빌딩, 상가, 사무실 등의 부속토지는 기준시가가 80억원을 초과하는 부분에 대해서 과세된다.

이론정리 및 심화학습

토지(나대지)에 대한 종합부동산세

나대지등 종합합산과세대상에 대해 적용되는 과세표준은 공시가격에서 5억원을 차감한 금액에 공정시장가액비율을 곱한 금액으로 한다.

과세표준	세율
15억원 이하	1%
15억원 초과 45억원 이하	2%
45억원 초과	3%

종합부동산세 계산시 토지에 대해 부과된 재산세액은 공제한다.

⋮ 빌딩, 사무실, 상가의 부속토지에 대한 종합부동산세

빌딩 등의 부속토지에 대해 적용되는 과세표준은 국토교통부 공시가격에서 80억원을 차감한 금액에 공정시장가액비율을 곱한 금액으로 한다.

과세표준	세율
200억원 이하	0.5%
200억원 초과 400억원 이하	0.6%
400억원 초과	0.7%

종합부동산세 계산시 부속토지에 부과된 재산세액은 공제한다.

사업용건물에 대한 종합부동산세

사례연구 이러한 조언에 부동만씨는 자신이 부담해야 하는 종합부동산세가 얼마인지 계산해보고 싶지도 않다. 부동만씨는 자신의 빌딩은 사업용건물로서 벤처기업들에게 임대를 주고 있기 때문에 자신도 국가경제를 위해서 일하는 것 아니냐며 흥분하고 있다. 부동만씨는 이러한 사업용빌딩에 대해서도 종합부동산세를 과세하는 것은 자본주의 사회에서 투자의욕을 꺾는 말도 안 되는 정책이라며 괜히 상담 중인 고연우씨에게 화를 내고 있다.

조언방향 부동만씨의 지적도 나름대로 일리가 있다. 그래서 종합부동산세에서는 사업용빌딩은 부속토지에 대해서만 과세하고 사업용빌딩의 건물분에 대해서는 과세하지 않는다.

부담 보유세의 한도

사례연구 부동만씨는 사업용빌딩의 건물분에 대해서는 종합부동산세를 과세하지 않는다는 고연우씨의 조언에 다소 안정을 되찾고 있다. 하지만 부동만씨는 자신의 경우 작년에 비해 부동산보유와 관련한 보유세가 올해에는 급격히 증가할 것이 분명하다는 것을 고연우씨의 대략적인 계산으로 확인하고 있다. 그러자 부동만씨는 어떤 나라에서 이렇게 한꺼번에 세부담을 늘리는 경우가 있냐며 계속적으로 불만을 나타내고 있다.

조언방향 부동산 보유세인 재산세와 종합부동산세의 합계액은 전년도에 부과한 재산세와 종합부동산세의 150%(법인은 상한 없음) 이상을 부과할 수 없다. 따라서 만일 전년도에 부과된 보유세(재산세와 종합부동산세)의 합계액이 1천만원이라면 금년도는 1천 5백만원을 초과하여 과세할 수 없다.

이론정리 및 심화학습

종합부동산세의 납세기준일

종합부동산세의 납세기준일과 과세대상은 재산세와 마찬가지로 매년 6월 1일 현재 과세대상부동산을 보유하고 있는 자이다.

납부기한

종합부동산세의 납부기간은 12월 1일에서 12월 15일까지이다.

세부담상한 조정

부담보유세의 상한은 일반적인 경우 150%이지만, 법인은 상한이 없다.

종합부동산세와 재산세

I. 재산세

1. 과세대상(地法 제105조)

재산세는 시·군·구 내에 소재하는 토지·건축물·주택·선박·항공기에 대하여 부과하는 것으로 여기서 건물이란 건물·건축물 및 건물과 구축물의 특수한 부대설비를 말하며 그 범위는 취득세와 대부분 동일하다.

2. 납세의무자(地法 제107조)

재산세 납세기준일(매년 6월 1일) 현재 재산세 과세대장에 재산의 소유자로 등재되어 있는 자가 납세의무자이다.

3. 과세표준(地法 제110조)

과세표준은 시가표준액에 공정시장가액비율을 곱한 금액으로 한다.

4. 세율(地法 제111조)

(1) 주택

과 세 표 준	세 율(주)
6,000만원 이하	0.1%
6,000만원 초과 1억 5,000만원 이하	0.15%
1억 5,000만원 초과 3억원 이하	0.25%
3억원 초과	0.4%

(주) 시가표준액 9억원 이하인 1세대 1주택은 특례세율(0.05% ~ 0.35%)를 적용한다.

(2) 나대지(종합합산과세대상 토지)

과 세 표 준	세 율
5,000만원 이하	0.2%
5,000만원 초과 1억원 이하	0.3%
1억원 초과	0.5%

(3) 사업용 건물의 부속토지(별도 합산과세대상 토지)

과 세 표 준	세 율
2억원 이하	0.2%
2억원 초과 10억원 이하	0.3%
10억원 초과	0.4%

(4) 수도권 골프장·별장·고급오락장용 건축물 : 4%

(5) 도시 내 주거지역, 기타 특정지역에 위치한 공장용 건축물 : 0.5%

(6) 그 외의 건축물 : 0.25%

(대도시 내에 공장을 신설 또는 증설하는 경우에는 최초 과세기준일로부터 5년간 일반세율의 5배의 중과세율을 부과한다)

5. 과세기준일과 납세지(地法 제114조)

과세기준일은 매년 6월 1일이며 재산세의 납세지는 재산의 소재지를 관할하는 시·군·구이다.

II. 종합부동산세

국세로 부동산보유에 대해 재산세와는 별도로 개인별로 합산하여 기준금액을 초과하는 부분에 과세한다.

1. 납세의무자와 납부기한

종합부동산세의 납세의무자는 과세기준일(6월 1일)현재 해당 부동산을 소유한 자이다. 납부기한은 12월 1일에서 12월 15일까지이다.

2. 세율

(1) 주택

구 분	세 율
2주택 이하 보유	0.5% ~ 2.7%(누진세율)
3주택 이상 보유	0.5% ~ 5%(누진세율)

(2) 토지(나대지)

과 세 표 준	세 율
15억원 이하	1%
15억원 초과 45억원 이하	2%
45억원 초과	3%

(3) 빌딩, 사무실, 상가의 부속토지

과 세 표 준	세 율
200억원 이하	0.5%
200억원 초과 400억원 이하	0.6%
400억원 초과	0.7%

08

부동산실명법과 세금

본인의 명의로 부동산등기를 하는 것이 원칙이다. 그런데 본인의 이름이 아닌 타인의 명의로 부동산등기를 하면 어떻게 될 것인가? 이런 경우 부동산실명법에 의해 처벌을 받게 될까? 그리고 배우자 명의로 부동산을 등기하는 경우에도 부동산명의신탁으로 보아 처벌될까? 또한 상속을 받은 부동산을 명의전환하지 않은 경우에도 명의신탁에 해당할까? 사례를 통해 부동산실명법에 대해 알아보고 이러한 부동산실명법이 세금과는 어떻게 연계되어 있는지 정리해보자.

부동산 명의신탁

사례연구 중소기업에 재직 중인 유재무씨는 오랫동안 재무담당 이사로 근무했으나 워낙의 청렴한 생활로 인하여 현재 가진 것이라곤 분당의 아파트 한 채뿐이다. 그런데 유재무씨는 회사의 은행차입금에 대하여 자신이 인보증을 하였기 때문에 회사의 부도시에는 자신의 명의로 된 아파트를 날린 판이다. 게다가 회사는 경기불황으로 인하여 부도의 위험이 더욱 가중되고 있다.

결국 유재무씨는 밤잠을 못 이루면서 고민을 하다가 다음과 같은 생각을 하게 되었다. 즉 자신의 아파트를 부자인 형 유재욱씨의 명의로 하기로 한 것이다. 유재무씨는 이처럼 자신의 재산을 형의 명의로 등기하는 것이 문제가 없는지 걱정하고 있다.

조언방향 부동산을 자신의 명의가 아닌 타인의 명의로 등기하는 것을 명의신탁이라고 하는데 부동산실명법에서는 명의신탁자에 대해 무거운 처벌규정이 있기 때문에 유재무씨가 자신의 아파트를 형의 명의로 등기하는 것은 위험하다.

부동산실명법에서는 명의신탁자(유재무씨)에 대해 5년 이하의 징역

> 또는 2억원 이하 벌금에 처한다. 그리고 부동산가액의 30%에 해당하는 과징금이 부과된다. 또한 명의수탁자(유재욱씨)에 대하여도 3년 이하의 징역 또는 1억원 이하의 벌금에 처한다는 규정이 있다.

이론정리 및 심화학습

명의신탁의 유형과 부동산실명법을 위반했을 때의 처벌사항에 대하여 살펴보면 다음과 같다.

⋮ 명의신탁의 유형별 법적효력

부동산『명의신탁』은 신탁자(실소유자)와 수탁자(명의대여자) 간에 『약정을 맺고 수탁자명의로 등기』하는 것을 뜻한다.

부동산에 관한 소유권·전세권·지상권·지역권 등 물권을 수탁자명의로 등기하는 명의신탁은 크게 등기명의신탁과 계약명의신탁의 두 가지로 나누어진다. 두 경우 명의신탁의 무효에 따라 효과가 서로 다르나 신탁자와 수탁자 모두 처벌된다는 공통점을 갖고 있다.

(1) 등기명의신탁

K소유 부동산을 신탁자 A가 구입, 수탁자 B명의로 등기하는 3자 간 명의신탁이 있다. 이때 A와 B간 명의신탁은 무효가 되고 K와 B간 등기이전도 무효이다.

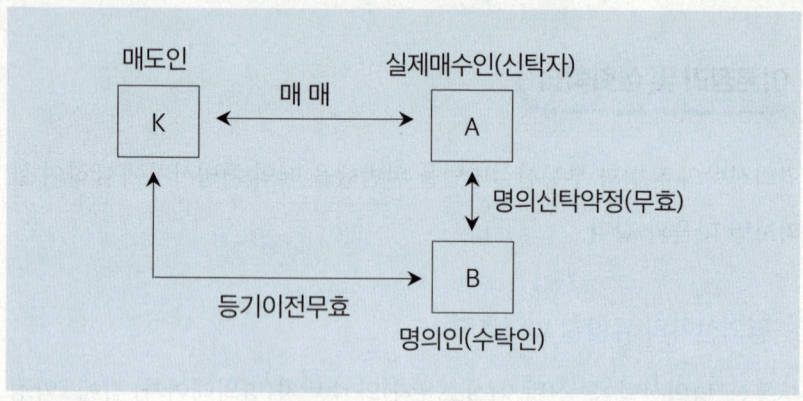

따라서 법적 분쟁이 생길 경우 이 부동산의 소유권은 원 소유자인 K에게 되돌아가며 A는 K를 상대로 계약을 원인으로 하는 소유권이전청구소송을 통해 부동산을 되찾을 수는 있다.

그래도 신탁자인 A는 5년 이하 징역이나 2억원 이하 벌금과 부동산 가액의 30%에 해당되는 과징금을 물고, 수탁자인 B도 3년 이하 징역이나 1억원 이하 벌금을 물게 된다.

(2) 계약명의신탁

명의신탁자는 나타나지 않고 수탁자만을 내세워 부동산 물권취득계약의 당사자가 되는 명의신탁의 경우이다.

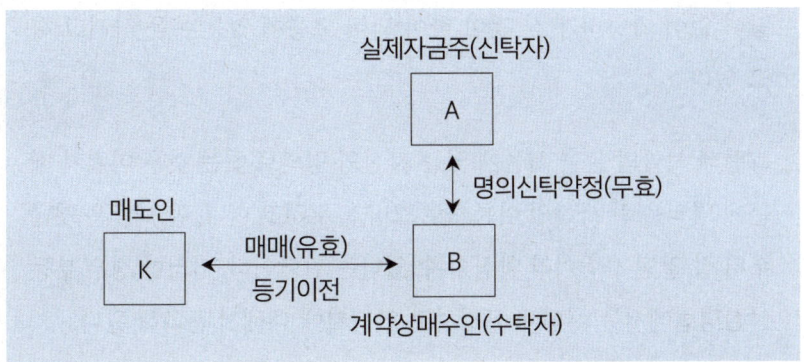

B가 K로부터 부동산을 살 때 돈은 A가 모두 부담하지만 K는 A를 전혀 알지 못하는 경우다. 이때에도 A와 B간의 명의신탁약정은 무효가 된다. 그러나 법률관계의 안정을 위해 K와 B간의 매매계약과 등기이전은 유효한 것으로 인정된다.

이에 따라 부동산 소유권은 법적으로 B의 것이 되고 A는 부당이득금반환청구 등 별도의 법률행위를 통해 소유권을 회복할 수 있는 길은 있으나 등기명의신탁보다 가능성이 훨씬 낮다. 이때에도 A와 B는 부동산실명법 위반으로 처벌을 받는 것은 마찬가지이다.

2 CASE 장기미등기에 대한 명의신탁

사례연구 김졸부씨는 어린 시절 고향에서 생활고에 지쳐 서울에 올라와서는 열심히 장사를 하여 큰 돈을 벌었다. 그리고 부모님이 땅이 없어 가난하게 산 것이 한이 되어 고향에 있는 논을 사려고 하고 있다.

그런데 시골의 논을 서울에 있는 자신의 명의로 하는 것은 어렵기 때문에 명의는 판 사람의 이름으로 그냥 놔두려고 한다. 판 사람은 옛날부터 잘 알던 사람이라 안심할 수 있다는 판단이다. 이러한 경우 부동산실명법에서는 어떻게 규정하고 있는지에 대해서 문의해 왔다.

조언방향 이렇게 부동산 구입 후 산 사람이 자신의 명의로 이전등기하지 않고 판 사람의 명의로 되어 있는 것에 대해서는 당장은 명의신탁으로 보지는 않는다.

그러나 이렇게 판 사람의 명의로 3년간 계속하여 남겨두면 이를 장기미등기에 의한 명의신탁으로 보아 처벌을 하기 때문에 3년 이내에 자신의 명의로 이전등기하여야 한다.

이론정리 및 심화학습

양자간의 명의신탁

A가 B로부터 부동산을 산 뒤 3년 이상 B명의를 그대로 유지하거나(장기미등기) A가 B의 명의를 빌려 이전등기를 하는 경우를 말한다.

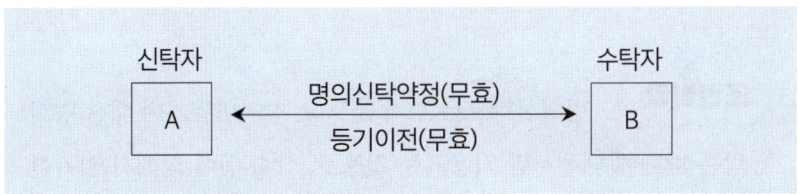

장기미등기 경우 명의신탁사실이 드러나면 소유권은 B에게로 돌아가 A는 별도의 법적 절차를 거쳐 소유권을 찾을 수 있다.

A가 B의 명의를 빌려 이전 등기한 경우에는 A와 B의 명의신탁약정과 등기이전이 무효가 되어 소유권은 A에게로 돌아가나 A와 B는 처벌을 받게 된다.

3 CASE 상속에 의한 장기미등기

사례연구 미등기가 3년간 계속되면 장기미등기에 의한 명의신탁으로 의제된다는 사실을 알게 된 김졸부씨는 다음과 같이 문의 하였다. 매매가 아닌 경우 즉, 아버지로부터 상속받은 부동산을 자신의 명의로 이전하지 않고 계속 아버지의 명의로 놔두는 것도 3년이 지나면 명의신탁으로 보는지에 관한 것이다.

조언방향 명의신탁으로 보지 않는다. 장기미등기에 대한 명의신탁은 매매에 대해서만 적용되는 것으로, 상속 등에 의해서 취득한 부동산에 대해서는 3년 이상 자신의 명의로 이전하지 않아도 명의신탁으로 보지 않는다.

배우자 명의신탁

사례연구   앞의 사례에서 살펴본 유재무씨의 경우처럼 형의 이름으로 명의신탁하는 것은 위험하다. 그러면 형의 명의가 아닌 배우자의 이름으로 명의신탁을 하는 경우에도 형에게 명의신탁하는 것과 똑같은 지에 대해서 유재무씨가 다시 문의하여 왔다.

조언방향   배우자 이름으로 명의신탁하는 것은 나름대로 의미가 있다. 왜냐하면 배우자의 명의로 하는 것은 우선 부동산실명법상의 명의신탁에 포함되지 않기 때문이다.

그리고 민법상으로도 부부 별산제가 원칙이기 때문에 배우자 명의로 되어 있는 것은 일단 회사 채무로부터 보호될 수 있다.

CASE 5 명의신탁으로 보지 않는 경우

사례연구 부동산을 많이 소유하고 있는 김산동씨는 부동산실명법에 대해서 매우 관심이 많은데 부동산실명법에서는 예외적으로 명의신탁이 허용되는 경우는 없는지 궁금해하고 있다. 김산동씨는 부동산은 많으나 현금이 많지 않아서 친구인 이하동씨에게 현금을 3억원 빌리고 담보로 자신의 부동산명의를 이전등기하는 양도담보를 할 예정이다. 이런 경우도 명의신탁으로 보아 처벌되는지에 대해 문의하고 있다.

조언방향 부동산실명법상 명의신탁으로 보지 않는 예외규정이 있다. 즉 김산동씨가 하려고 하는 양도담보 등에 대해서는 명의신탁으로 보지 아니한다.

이론정리 및 심화학습

명의신탁약정으로 보지 않는 경우

양도담보 및 가등기, 상호명의신탁(지분등기) 및 신탁등기는 고유의 경제적 기능을 가지고 있고, 명의신탁과는 달리 등기부상에 실질권리자가 나타나기 때문에 악용의 소지가 없다는 점 때문에 금지되는 명의신탁약정의 범위에서 제외하였다.

(1) 양도담보

양도담보는 채무자가 채무담보제공을 목적으로 부동산을 채권자 명의로 소유권 이전등기를 하고, 채무를 상환하면 이전된 소유권 등기를 원소유자인 채무자 앞으로 환원하고 이행하지 못하면 채권자가 처분하여 우선적으로 채무를 변제받는 것이다.

양도담보는 자체의 경제적 기능을 가지고 있고 가등기와 함께 채무담보를 목적으로 형성된 제도이기 때문에 그 성질이 명의신탁과는 명백히 다르다. 또한 등기부상에 실권리자가 나타나기 때문에 명의신탁약정에서 제외하였다.

그러나 양도담보가 명의신탁에서 제외되는 규정을 악용하여 명의신탁약정을 회피하기 위한 수단으로 이용되는 것을 막기 위하여 부동산실명법에서는 등기신청시 담보제공목적으로 이전한다는 양도담보의 취지를 기재한 서면을 등기신청서와 함께 등기공무원에게 제출하도록 강제하고 있다. 이를 위반하면 형사처벌·과징금 등의 제재를 받게 된다.

(2) 공유물의 공유등기

부동산에 관한 물권을 부동산의 위치 및 면적을 특정하여 2인 이상이 구분소유하기로 하는 약정을 맺고 등기를 공유로 한 경우는 실제소유자가 공유자로 등기되어 모두 드러나게 되므로 명의신탁규제대상에서 제외하였다.

그리고 대법원 판례에 의하면 자신이 구분소유하고 있는 부분 이외의 부분에 대한 등기는 상호명의신탁으로 간주되고 있다. 또한 공유자간의 지분 편차가 크게 다를 경우 사실상의 명의신탁 효과가 있으나 실명법에서는 제외하고 있다. 그러나 이 경우 균등지분의 초과부분은 증여의제로 보아 증여세가 과세될 수도 있다.

(3) 신탁법에 의한 신탁등기

신탁법에 의한 신탁등기는 단순히 명의만을 빌리기 위하여 이루어지는 명의신탁과는 달리, 위탁자와 수탁자 간에 특별한 신임관계에 기하여 위탁자가 특정의 수탁자에게 이전하고 수탁자는 수익자를 위하여 재산권을 관리·처분하게 하는 제도이다. 따라서 명의신탁과는 전혀 법률적 성질이 다른 것이므로 명의신탁 규제대상에서 제외하였다.

[명의신탁에 대한 처벌규정의 요약]

구 분	과 징 금	이행강제금	벌 칙
명의신탁자	부과일 현재 부동산가액의 30%	과징금부과일부터 1년(2년)경과 : 부동산가액의 10%(20%)	5년 이하의 징역 또는 2억원 이하의 벌금
양도담보등기 의무자	부과일 현재 부동산가액의 30%	해당 없음	5년 이하의 징역 또는 2억원 이하의 벌금
명의수탁자	해당 없음	해당 없음	3년 이하의 징역 또는 1억원 이하의 벌금
장기미등기자	부과일 현재 부동산가액의 30%	과징금부과일부터 1년(2년)경과 : 부동산가액의 10%(20%)	5년 이하의 징역 또는 2억원 이하의 벌금

NOTE

부동산 거래시 부동산관련 세금 외에도 「부동산실명법」상의 규정들을 잘 숙지하여 형사처벌 등의 불이익을 당하지 않도록 주의해야 한다.

부동산실명법과 세금

1. 명의신탁자와 명의수탁자

부동산을 자신의 명의가 아닌 타인의 명의로 등기하는 것을 명의신탁이라고 하는데 부동산실명법에서는 명의신탁자에 대해서 5년 이하의 징역 또는 2억원 이하의 벌금에 처한다. 그리고 부동산가액의 30%에 해당하는 과징금이 부과된다. 또한 명의수탁자에 대하여도 3년 이하의 징역 또는 1억원 이하의 벌금에 처한다는 규정이 있다.

2. 장기미등기에 대한 명의신탁

부동산 구입 후 산 사람이 자신의 명의로 이전등기하지 않고 판 사람의 명의로 되어 있는 것에 대해서 당장은 명의신탁으로 보지 않는다. 그러나 이렇게 판 사람의 명의로 3년간 계속하여 남겨두면 이를 장기미등기에 의한 명의신탁으로 보아 처벌을 하기 때문에 3년 이내에 자신의 명의로 이전등기하여야 한다.

3. 상속에 의한 장기미등기

장기미등기에 대한 명의신탁은 매매의 경우에 대해서만 적용되는 것으로, 상속 등에 의해서 취득한 부동산에 대해서는 3년 이상 자신의 명의로 이전하지 않아도 명의신탁으로 보지 않는다.

4. 배우자명의신탁

배우자 명의로 등기하는 것은 부동산실명법상의 명의신탁에 포함되지 않는다. 그리고 양도담보와 공유물의 공유등기와 신탁법에 의한 신탁등기의 경우에도 명의신탁으로 보지 않는다.

부록

양도소득세 계산 Flow

양도소득세 계산 Flow

양도가액

- 취득가액

> **양도가액과 취득가액** 실거래가액으로 계산하는 것이 원칙이나 증빙 등에 의해서도 실거래가액이 확인되지 않는 경우에는 기준시가 등에 의한다.

- 제비용

> **제비용** 취득부대비용, 설치비와 개량비, 자본적지출액, 양도비 등의 비용을 차감한다. 그러나 양도차익계산을 기준시가로 하는 경우에는 실제 발생한 비용을 인정하지 않고 일률적으로 취득당시 기준시가의 3%를 공제한다.

= 양도차익

- 장기보유특별공제

> **장기보유특별공제** 3년 이상 보유한 등기된 토지·건물에만 적용되며 양도차익의 6%~30%를 공제(1세대1주택은 20%~80%)를 공제한다.

- 양도소득기본공제

> **양도소득기본공제** 부동산 등의 양도와 주식양도, 파생상품양도에 대해 각각 자산별로 1년에 250만원 공제된다.

= 양도소득 과세표준

× 양도소득세율

> **양도소득세율** 일반적인 경우 과세표준의 6%~45%이며 미등기양도는 70%, 1년 미만 보유한 경우에는 50%(주택·입주권·분양권은 70%)이다(주식에 대한 양도소득세율은 10%~30%).

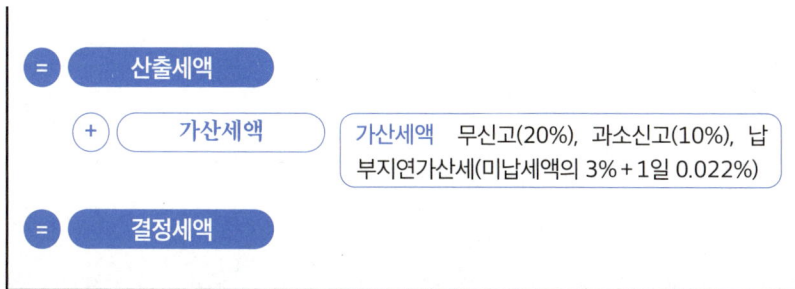

> **NOTE**
>
> 분 납 : 양도소득세 산출세액이 1천만원을 초과하는 경우에는 2개월 이내에 분납할 수 있다.

사례로 알아보는 고동호의 **부동산과 세금**

발행일	2025년 3월 31일 22판 1쇄
저 자	고동호
발행인	임재환
발행처	유비온
등 록	제22-630호(2001. 4. 17)
주 소	서울시 구로구 디지털로 34길 27 대륭포스트타워 3차 601호
전 화	02-2023-8789(위탁거래 문의)
	02-2023-8788(현매거래 문의)
팩 스	02-6020-8590
ISBN	978-89-5863-650-2 (13320)

- 정가는 뒤표지에 있습니다.
- 낙장이나 파본은 교환해드립니다.
- 저자와 합의하여 인지를 생략합니다.
- 이 책의 무단전재 또는 복제행위는 저작권법에 의거하여 처벌을 받게 됩니다.

> 본서에서 언급하고 있는 저자의 규정해설과 과세관청의 해석과는 차이가 있을 수 있으며, 또한 특정 사안에 대한 구체적인 의견제시가 아닙니다. 따라서 실제사안에 적용할 때는 저자 또는 전문가 집단과 충분히 상담하신 후 적용하실 것을 권고합니다.